教育总会有办法

罗静 / 著

人民东方出版传媒
東方出版社

LIVERPOOL
LONDON

推荐序
每个人都走不出自己的童年

你的童年是小村庄，

可是，

你走不出它的边际，

无论你远行到何方。

这是叙利亚诗人阿多尼斯的几句诗行。

诗人的敏锐是无敌的。

人类的童年有太多秘密。生命最初的那些年，我们与父母的每一次互动都融入了我们的血液，沉入了我们的潜意识，建构成我们的核心人格，并将伴随我们一生。

一个女孩看不上自己无能的父亲，然而婚后却发现自己的丈夫越来越像父亲。

一个男孩痛恨于强势的母亲，然而每一次恋爱都会被一个野蛮女友吸引。

父母经常吵架甚至离婚的小孩，长大后迟迟不敢走入婚姻，或者婚姻里总有这样那样的不安宁。

如罗静书中所说，我们每个人都背着原生家庭的包袱在走路。

作为成年人，我们尚可去觉察，去成长。然而，若一个小小孩，遇上了不觉察的父母，遭受太多不恰当的对待，那简直就是毁灭性的灾难了。

每个人都无法选择他们的父母。

每年全国有那么多留守儿童在煎熬。

每所学校有那么多学生存在网瘾、逃课、厌学问题，甚至上演各种轻生、自杀的悲剧。

所有这些问题凸显的一方面是早期教育的缺失，一方面则是父母们对孩子早期发育的秘密知之甚少。

哪怕是走过童年的成年人，哪怕是和孩子朝夕相处的父母，又真正了解多少属于孩子的世界呢?

在生养孩子之前，没有任何一种针对准爸爸、准妈妈的专业训练，没有任何一本书能够教会我们去认识每一个独特的孩子。

这条新踏上的育儿路真的不容易。

你体验过多少欣喜，就经历过多少惊慌和忧愁。

你尝到过多少甜蜜，就遭遇过多少困惑和劳累。

做父母比干这世界上任何一种职业都更需要支持和陪伴。因为我们不仅仅是要学习做父母，还要学会如何从容、自在地做我们自己。所以，我一直都很尊敬从事早期教育的实践者们。

数以千万计的父母们需要支持和帮助。加之，每个孩子都不同，从未有一套理论、一个标准答案可以完全参照。所以，教育工作者们需要真正去倾听父母们的困扰，去看见每一个孩子的独特性，去给予针对性的专业指导。

早期教育工作者们在做的事，是真正推动一个国家和民族未来的事业。他们的点滴努力，都在真切地把高居庙堂之上的艰深知识，深入浅出地传达给千千万万的普通家庭。

他们的工作非常了不起。罗静老师就是这群人中的一位佼佼者。

从最开始每期听罗静主讲的科学育儿脱口秀《静观育儿》，到身边认识的朋友不断向我推荐罗静创办的育儿科普公众号，整整两年来，我看到了罗静的努力和成果。

她写的新书，我也是一口气就读完了。因为本身有医学背景，加上养育两个孩子的经验，这让罗静的科普文章很接地气。小到孩子的吃喝拉撒睡，大到孩子的人格养成，她都能在不经意间娓娓道来，既清晰又生动。

整本书囊括了0–7岁孩子教养过程中的大事件，包括如何更轻松地给孩子立规矩，怎么促进孩子安全感的建构，怎样从孩子的吃饭、睡觉等日常细节入手培养孩子的好习惯等。

当然，新书也从家庭关系的角度入手，解读了不同的家庭关系模式对孩子成长的影响以及亲密关系和亲子关系各自顺畅运转的规律，包括夫妻矛盾解读、二胎家庭支招等。

除此之外，新书对父母最关注的常见热点问题也有详细解析，比如对孩子的注意力问题、性格内向、语言发育迟缓、孩子的入园问题以及比较棘手的一些儿童发展中的问题都有专业解答。

朴实但又富有深度的心理学解读，不仅可以有效缓解父母焦虑，教会他们从容做父母的实用方法。父母们读完罗静著的这本书，一定能有的放矢地做个称职的父母。

好书不需多，一本就足够了。

有时候，太阳不能把你照亮，一支蜡烛却可以。

这本书就好似一支燃着的小小蜡烛，也许能给你刚刚好的温暖、光和陪伴。

kmedia 亲子自媒体联盟

自序

育儿，是场自我修炼的旅程

我有一个亲戚家的弟弟，小时候很聪明，也很调皮。他的父母很忙，没时间管他，对他唯一的管教就是在他出状况的时候狠狠地惩罚他。有一年大夏天，他被罚跪在热气腾腾的沥青路上。等到父母允许他站起来的时候，他已经站不起来了。因为沥青化了，粘住了他的皮肤。最后，他的腿被硬生生扯掉一层皮。后来由于大人的粗心，他在一次发烧后伤及大脑，智商受损，不能像一般人那样读书，只能在特殊学校里做康复训练。那时候我还没开始读心理学，只是每次见到他，心里就有种说不出的痛。后来，他也能够像正常人一样娶妻生子了。

他结婚时，我哭了。我哭的是他，也是我自己。

我有一个很优秀的父亲。我小的时候，他一直在外地学习。直到我上小学，他好像才正式成为家里的一员。记忆里，他对我要求很严。我曾经认为，我是怎么长大的他可能都不知道。他一直称呼我为“儿子”，我认为这是他不接纳我的根源。

我对父亲有一种远远的崇拜感。他的中医功底深，医术高超，治愈过很多疑难杂症，让我觉得很神奇。但我和我父亲的关系一直不太亲近，并且一直对他想要把衣钵传给我的心愿表示反抗。

学习心理学的人分为两种：一种是天生好奇心特别重，一种是自己心理上有着某种问题或欠缺。而我则属于后者。

早期教育父亲的大量缺席，造成了我生命的缺失。很长的时间里，我不知道该如何和他人，尤其是和异性建立良好的亲密关系。也正因为此，我一直苦苦寻找心灵的平衡与自我的完整。后来，读大学时我毫不犹豫地选择了心理学。

在读临床心理学硕士的时候，我开始做一对一的心理咨询。有一次，一个个案让我印象深刻。

有个孩子给我打电话，说："老师，我遇到问题了。"

我问："什么问题？"

他说："我总想打人，控制不住自己的情绪。"

我继续问："那你想打什么样的人？"

他回答："年轻女性。"

我告诉他："你最好还是找个男老师做心理咨询比较好。"

他坚持说："我知道自己的问题在哪里，我想尝试去面对，请相信，我一定能控制好自己的情绪。"

于是，我答应了他。

为了防止出现突发状况，我跟两位保安大哥提前约好，只要我在咨询室内按下了求救的电铃，他们就立刻进来。

一开始我们聊得很好，他告诉我他的妈妈很强势，经常打他爸爸。而他爸爸是个很懦弱的男人，受了委屈后，就选择向这个家庭中最弱的，也就是他的儿子身上发泄。这个男孩，就成为了这个家庭的牺牲品。

后来，他爸爸有了外遇，这让家庭关系更加紧张起来。这个男孩每日里只听见妈妈的咒骂：“天底下的男人，没有一个好东西。”

他就是在这样惊恐、压抑的家庭环境中长大的，极具暴力倾向。

没有人教过他该如何控制自己的情绪，这个社会的规则是什么，更没有谁给过他温暖。长到一米八的大个子，他妈妈还是动不动就打，随手抄起什么就往他身上扔。所以，他是一个没有学会爱的人。他的情感已经荒漠化，对所有人都很冷漠。同时深藏在他内心的恐惧，又让他只能选择比自己更弱的年轻女人作为发泄对象。

那天，聊到后面，他情绪又激动起来。那个时候坐在他对面的我还是一个女学生的样子，我没想到他能一下子冲上来，一把抓住我的脖子，失去理智地喊：“都是你们这些女人！都怪你们！”他的力气太大，我的手半天摸不着椅子上的电铃，当时心想：完了，这回肯定要死了。幸亏慌乱中碰响了铃声，我得救了。

我被吓出了一身冷汗。那个男孩走后，我哭了。因为他是我那时见过最可怜的一个孩子。

我给我的一位男同事说明了情况，请他去找这个男孩，继续为他做心理治疗。那之后，好长时间，走在校园里碰见了，我们还互相点头问好。一年后，他找到我，专门向我道歉。后来，在我去读博士之前，我的男同事告诉我，那个男孩康复得不错。

之后我做过很多类似的心理咨询。那些出了问题的人，他们的问题几乎都能追溯到小时候。我亲眼看到、亲耳听到的事实都告诉我，在那些问题家庭里，生命真的是太不被尊重了！那些稚嫩的、脆弱的孩子们，真是太无辜了！

也正是这些真实的故事，让我更加坚定了走研究儿童发展心理学这条路。我梦想着有一天，那些沉睡的父母们能够醒来。看看自己，我是怎样的父母；看看我们的孩子，他们到底真正需要的是什么！

这是我走到今天的心路历程，也是我坚持从事早期教育行业、创办脱口秀栏目、做原创的微信公众号以及全国各地讲座的初衷。

一方面，我希望能够为早期家庭教育解决一些实际的问题，让做父母这件事儿更加容易。另一方面，我期待能为心理学在中国的普及贡献一份力量，传播更加系统的儿童发展心理学的科普知识以及自己在实践过程中的心得。

如今心理学在国内发展势头越来越好。新父母对教育更加审慎、要求更高，也更能接受新观念，愿意寻求自我的成长。有你们这样的父母们，不仅仅是我们教育从业者的幸运，更是孩子们的幸运！

育儿，是场自我修炼的心路历程。不那么容易，不过，我们可以结伴同行。

罗静

2016 年 10 月 1 日于北京

目录

让孩子拥有自己的快乐

每个人都在追求人生的价值和意义，活好自己就是我们每个人面临的最大挑战。无论每个人追求的是什么，看重的是什么，都希望自己是快乐的。而拥有让自己快乐的能力，恰恰取决于我们7岁前的那些匆匆时光。

0–7岁定终生。这并不是耸人听闻的说法。

快乐是一种情绪，稳定的快乐、持续的快乐却是一种人格特质。

心理学上对人格的定义是：一系列复杂的具有跨时间、跨情境特点的对个体特征性行为模式（内隐的以及外显的）有影响的独特的心理品质。遗传学的研究表明，几乎所有的人格特质都受遗传因素的影响。譬如父母都是抑郁特质的人格，他的子女中女孩基本都有抑郁症。但近些年来，越来越多的研究表明，遗传对孩子人格的影响比起后天养育的影响要小得多，充其量只占到10%。各个心理学流派尽管在如何分类人格上有分歧，但几乎都认同一个人是什么样子绝大多数是被父母的教养方式塑造的，所以很多心理学家都认为，一个人的人格基本上在他7岁前就确定了。

中国有句古话："三岁看大，七岁看老。"古人没有科学的研究方法和测量工具，却和现在的科学家得出了相同的答案。

那么，我们一直追求的快乐是从哪里来的呢？怎么来的呢？为什么有些人总是像打了鸡血一样度过每一天，有些人却像泄了气的皮球一样耗过每一天？为什么我们越是想快乐却越容易感到悲伤，甚至被愧疚牵着鼻子走？为什么快乐的记忆一闪即逝，留在内心那些挥之不去的都是些愤怒、郁闷、哀伤、恐惧、焦虑的情绪？

记得在我的第一本书《爱，从懂孩子开始》的签售会上，很多家长都希望我写上给宝宝的祝福，我写得最多的是"快乐"两个字，这是全天下父母的心愿；但签售的家长跟我说的都是孩子让他们不快乐的事：咬人，打人，不睡觉，不吃饭，叛逆，撒谎，不说话，不跟小朋友玩，内向，不去幼儿园，没有自信，等等。讲述这些情况的时候，父母们都愁眉苦脸，手足无措。

这样焦虑的父母可以养育出快乐的孩子吗？这么多要求的父母，可以让孩子感到快乐吗？

我的这本书里其实讲的都是教养方式。因为男孩和女孩有差别，所以教养男孩和女孩的方式也是有区别的，不仅是技巧上的差别，还有原则上的差异。

简单举个例子。在与同伴做游戏的时候，男孩会确认三件事情：第一，我是不是这个团队的头；第二，这个团队的规则是什么；

第三，我能不能改变这个规则。但女孩子通常会确认：第一，我需要听谁的；第二，他们愿不愿意跟我玩；第三，我希望妈妈能在我需要的时候帮助我。

这种差异决定了如果你忽略男孩子自主个性的培养，他将会变得缺乏自信；如果你忽略了女孩子“期望你好我好”的善良，她将会变得尖酸刻薄。男孩子的自主个性更需要父亲的认同和鼓励，女孩子的善良更需要母亲的支持和认可。

听上去好复杂，但认真付出努力养育儿女的父母都知道，你的孩子有什么需求你最清楚。只是我们一直衡量的是要不要满足或能不能满足的问题。智慧地满足孩子，就会获得让自己快乐也让他人快乐的能力。

这本书里有我的所学所用，也有我的反省总结，希望能帮助年轻的爸爸妈妈成为更有智慧的父母，让每个孩子获得快乐的能力。

敏感期，千万别用错了

我的出版社朋友告诉我，一本育儿书但凡冠上“敏感期”三个字，销售量就会高出其他同类书籍。

我遇见过很多父母，他们的确认为，孩子的成长是有一个“列车时刻表”的。到了什么点，就要上什么车，错过了就再也赶不上了。

这是当前育儿观念中一个非常非常大的误区。

所以，在这本书开头，我最想聊聊孩子的敏感期。

“敏感期”一词，是荷兰生物学家德·弗里首先使用的名称。他观察到，为了避免风雨侵袭，蝴蝶将卵产在树枝或树干的分杈上，刚出生的毛毛虫对于光会特别敏感，他们会顺着光爬到树枝的顶端去吃那些刚刚长出的嫩叶。等他们长大，消化系统健全能吃成叶后，他们就不再对光有特殊的敏感度了。

后来，意大利教育家蒙台梭利在长期与儿童的相处中，发现儿童的成长也会产生同样现象，即儿童在每一个特定的时期都有一种特殊的感受能力。这种感受能力促使他对环境中的某些事物很敏感，对有关事物的注意力很集中、很有耐心，而对其他事物则置若罔闻，因而提出了育儿教育的敏感期原理。

这一理论的创立，无异于给了迷茫、无措的父母一根救命的稻草，所以“敏感期”很快就得到了千千万万个父母的追捧。很多父母会觉得敏感期重要，但是又不知道如何把握敏感期；很多父母为了要把握某个敏感期而给孩子施加过多不恰当的压力；还有更多父母则为了错失孩子的敏感期而感到懊悔。

敏感期，真有这么神秘吗？其实，孩子自己就会给出敏感期的信号。虽然大多数孩子都会在某一些时间段明显对某些事更感兴趣，但绝对不代表孩子们都会整齐划一地照着“时刻表”生长。若果真如此，那这个世界该有多么乏味。

所以，我想告诉焦虑的父母们，只要你放松地、用心地在陪伴孩子，一定会发现你的孩子在教你如何对待他。

比如，孩子开始吃手、扔东西、各种抓、握、捏，那就是到了手部的敏感期，需要爸妈多提供机会给孩子进行手部锻炼了。

比如，孩子跳个不停，不让他跳还不乐意，那么就顺应孩子的意愿让他跳去，因为这意味着孩子大动作发育的敏感期到了。

比如，孩子开始对盛饭这件事感兴趣，那就是该让孩子自己尝试独立吃饭了。

在孩子敏感期到来的时候，大人该做的，就是提供鼓励、支持，在孩子身后轻推他一下。

有的妈妈对我说："罗老师，我家孩子快1岁了，还不会爬，天天训练他，可就是学不会，这可怎么办啊？"孩子学爬行的敏感期是6个月至10个月，以后再学就非常困难了。三翻六坐七滚八爬，这是一个比较通俗的发展指标，用来衡量孩子成长发育正常与否。但是如果此前的确爬得太少，那么带孩子游泳，其实也是一个很好的弥补办法。

所以，并非一旦错过了敏感期，就无药可救了。只不过敏感期错过的时间越长，父母未来将要花费的力气可能会越大。

而只要父母平日里多陪伴孩子，多倾听孩子，多尊重孩子的意愿，那么你完全不必为了所谓的"敏感期"而困扰。

早期教育最大的功能就在于帮助父母读懂孩子的成长过程，在合适的时候做合适的事情，让育儿变得更从容。

严格来说，敏感期不是我们要努力的目标，而是一座桥梁。如果可以敏感地捕捉敏感期，就能帮我们更好地读懂孩子，顺应孩子的发展需求，恰当地提供帮助。如果没有搞清楚而过度"用力"，反倒会拔苗助长。

通过敏感期这座桥，其实应该给孩子带去更自由、宽阔的成长可能。但是，实际中却恰恰相反，我们不少父母打着"敏感期"的名义，却把孩子的发展变得狭窄、单一了。

很多孩子四五岁的时候，就被家长送去学琴了。美其名曰，这个时候是学音乐的"敏感期"。然而，他们往往最后学的不是"音乐"，而只是枯燥的弹琴技法。

记得一位妈妈曾在微信上不无忧虑地问我：“罗老师，今天我家孩子莫名其妙地问了我一个问题，妈妈，我为什么要学钢琴？我当时一时语塞不知道怎么回答。自己回来想一想，为什么呢？其实我也没想清楚。也许就是因为听说学钢琴很好，也许是为了满足自己对于学钢琴这件事儿的美好想象，也许是因为身边认识的很多孩子都学了，自己家孩子不学怎么能行呢？再或者是为了多一个考级证书吗？这件事真不能深想，这一想自己就开始怀疑，是不是做错了什么？”

这其实是很多家长都在面临的问题。

和一位前辈聊天时，他说，在北大新生中做过一个调查，问有多少人学过弹钢琴，结果全班只有两个学生没有举手。没有举手的那两个学生不是没学琴，而是学了小提琴。

大多数时候，我们并没有告诉孩子，或者我们自己也根本没有想清楚为什么学琴。这些选择显然都是盲目的。一旦盲目，过程就一定会多多少少出问题。

敏感期到来时，我们要给孩子输入的并非一个东西，而是一套系统。

仍然以孩子学音乐举例。学会弹琴永远不是目的。音乐它是有一套东西的，包括分辨和欣赏微妙的节奏韵律和音色，体验不同的乐器表达和呈现，感知各个国家和民族的音乐风情，聆听大量的趣味历史故事，等等。所以，如何陪孩子去感知大自然和日常生活中的不同声音，陪孩子学会享受音乐和爱上音乐，才是敏感期的真正意义。

再比如，7 岁前孩子在细节、秩序、语言、数字、涂鸦等多个方面都有极强的学习能力。但不应该让孩子们按照成人的节奏和要求去学，而是要按照儿童自身成长的力量和理性自然获得。你可以为孩子提供相应的探索素材，包括绘本、各种启智玩具，陪孩子一起玩各种益智游戏等。但你一定要尊重孩子的节奏和想法。孩子学习某一种知识是简单的事情，如何应用学到的知识是复杂的事情，快乐、自由地使用学习的知识却是孩子的本能。

因此，父母需要明白，给孩子更多自主探索和自我决定的机会，让他们快乐地学习，让学习的本能不断延续，不要因为自己的需要扼杀孩子对学习的热爱！这才是真正地理解和应用了敏感期。

学习即自由！

作为家长，在孩子 7 岁以前，面对他们各种体能、智能和心理能力发展的敏感期，我们需要给孩子的是一个系统，这个系统间各个元素，譬如身体素质、运动能力、注意力、记忆力、思维能力、语言能力、情商、自我控制、规则秩序、自信、自尊、合作等都是彼此相关，相互促进的。说句更通俗的话，孩子的事情再小都是大事。处理大事要有智慧，而不是靠蛮劲。

教育上最忌讳匹夫之勇，尤其是在人生最重要的前 6 年的教育！

孩子说“不”的时候最适合定规则

我向来不赞成用“叛逆”这个词来形容孩子不听话。因为这个前提是，父母的要求都是对的。这显然是个笑话。没有一个成年人敢保证自己的所作所为都是对的。那么，我们又怎能要求孩子都对呢？

在我看来，孩子所有被称为“叛逆”的行为，只是我们没有听懂他们“不”字背后的潜台词而已。

每当有家长提到叛逆，我一定会问“他们是叛了谁的逆？”如果父母说一，他们说二，这是叛逆吗？如果父母说吃苹果，他们却吃了香蕉，这是叛逆吗？如果父母说见人要打招呼，要有礼貌，孩子们不打招呼，就是叛逆吗？

很多父母一定听过“自我意识”这个词。通常专家都会说，孩子开始叛逆，是因为出现了自我意识。当我们的孩子到了人生第一个叛逆期，当孩子知道我是我，我有自己的身体、胳膊、腿（以前认为那都是妈妈的），我有我的想法，有时候也可以去做我想做的事情时，就开始各种所谓的不听话，爸妈的烦恼也由此而生。但是，这一现象是个体心理发展里程碑式的标志。从此，孩子们将会在自我意识的引领下，不断出现自我评价、自我控制、自我接纳以及自尊、自信、自强、自爱等一系列与自己相关的能力。而这些能力将最终影响个体是否能够自我实现、自我超越、自我拓展，获得快乐，从而活出精彩的人生。所以，如果你的孩子开始出现各种不省心、捣蛋、破坏以及各种探索行为，请为孩子鼓掌，他们开启了人生最重要的一扇大门。

很多妈妈问我，那就任孩子为所欲为吗？

只有在规则内的为所欲为才是真正的自由，在孩子说不的时候，也正是给孩子立规则的最佳时机！

总有父母很疑惑，不知道怎么给孩子设定规则，也不知道什么时候开始给孩子设定规则。我碰到过最极端的例子是这个妈妈根本不知道有规则这回事，因为她根本不知道孩子应该做什么，不应该做什么。在她眼里，孩子的所有行为都是对的。她的孩子最后变成了“小恶霸”，走到哪里都会把其他小朋友打伤、弄哭、推倒，家长带着孩子只要看到他，立马转移战场，没有人愿意跟他玩。孩子的爸爸专门来听我的讲座，讲座后又学习了我的微课，甚至找我做一对一的咨询，这位爸爸每次都点头说：“我知道了，罗老师，我一定按照您说的做。”但情况丝毫没有什么改变，因为家里有个“无知”的妈妈在教育这个调皮的男孩，爸爸的努力简直就是“蚍蜉撼大树”！

俗话说：“没有规矩不成方圆。”成人的世界到处都是规则。穿衣有穿衣规则，开车有交通规则，上班有工作纪律，运动有比赛规则，学习有上课规则，我们都生活在规则里。心理健康，很重要的能力就是对规则适应的能力。

孩子对规则的建构，就起始于他们出现自我意识之时。孩子说“不”，潜台词其实是这个规则我们可以更改一下吗？我能制定这个规则吗？

在那些小脑袋瓜里，规则具体又是怎么形成的呢？都包含哪些内涵呢？

第一，规则是关系下的规则，是建立关系的结果。

每个人都会有三种基本关系：亲子关系、师生关系和同伴关系。亲子关系让孩子学会与自己相处的规则，解决了孩子内心是否接纳自己的问题，让他知道我能做什么，我想做什么，我是什么样的人；师生关系带给孩子懂得尊重权威、尊重知识、尊重他人的规则；同伴关系带给孩子的是竞争、合作、分享、妥协、服从的社会规则。只要这个孩子有父母、有同伴、有老师，他们自然都会学到这些规则。正是因为规则不同，所以孩子表现出来的样子也就各有不同，这里的“样子”更多指的是性格层面的。

第二，规则的内涵源自父母最关心的事，到底什么事情可以做，什么事情不能做。

1. 什么能摸，什么不能摸

所有的孩子都喜欢玩水、玩土，喜欢一切你不让他们触碰的东西。我建议，让孩子尽情去玩水、玩土，甚至玩大自然中很多看上去不是很干净的东西。只要回家洗手消毒就可以，还可以专门准备一套玩水的衣服。但玩水也有规则：什么时候玩？玩多长时间？用手还是用工具玩？每次给孩子规定一个固定的时间去玩水，例如夏天每天晚上都要洗澡，那就在这个时间段给宝宝充分的玩水自由，不催促，也别害怕弄得满屋都是；下雨下雪天，带着孩子去淋淋雨、踏踏雪，无非是准备一双胶鞋，准备一把小伞，让孩子去抓雪、滚雪球、打雪仗。

2. 什么能吃，什么不能吃

孩子一岁半以前，都是用嘴在探索整个世界，这是他们独特的感知外部世界的通道。所以，这个时候不要阻止他们吃手，不要阻止他们吃玩具，只要保证送进孩子嘴里的东西基本上是干净的就好。孩子的免疫力，就是在自然环境的摸爬滚打中逐渐提高的。研究表明，为了让孩子少得病而刻意保护的行为，反而会降低孩子的免疫力。即使孩子到了 3 岁左右，还会拿到什么东西，或看到什么东西就把嘴凑上去了，这也是正常的，这时候只需要简单明了地告诉孩子，那个不能吃，或给孩子一个手势“NO，NO，NO”，然后用其他好玩的事情转移他们的注意力就好了。

3. 电视可不可以看

我的答案是，可以看，但要有规则。如果可以，最好 3 岁之后再让孩子接触电视。每天看电视的时间不要超过30分钟，可以分两次看；给孩子设置闹铃，并提前两分钟提醒孩子即将要结束了；看英文原版的电影最好第一遍不给孩子翻译；不要给孩子看有暴力倾向而无想象力的电视；跟孩子讨论电视里的一些剧情，让孩子们学着编故事。如果孩子3岁前就接触了电视，每天看电视的时间不要超过20分钟，分两次看；看完电视要增加孩子的户外活动时间，缓解宝宝未发育完全的视网膜压力；尽量选择动作较慢、人偶演绎的节目，例如英国BBC出版的花园宝宝系列节目。很多非常优秀的迪斯尼、东方梦工厂出品的动画片适合6岁以上的宝宝看。记住，画面跳动得越快越对小孩子眼睛的伤害越大。

4. 什么时候就医

很多小孩很早就服用抗生素，一发烧父母就带去医院打吊瓶。这些抗生素和去医院的交叉感染有很多隐患。我的两个孩子，曾经烧到39.5℃我也没往医院送。孩子断了母乳之后，就会出现疾病。常见的小儿疾病有拉肚子、感冒、流鼻涕、发烧、咳嗽。出现这些症状其实都不用马上去医院，我们在家里就可以给孩子降温，推荐一些我屡试不爽的小方法。第一个方法，用热水泡脚，揉搓涌泉穴、足三里；第二个方法，推拿抚触，揉揉大拇指的内外侧；第三个方法，去同仁堂抓一些紫苏叶回来，炒完加上红糖，熬水喝，止咳化痰；第四个方法，用棉球蘸上藿香正气液涂到宝宝的肚脐上，用创可贴固定八小时，如果烧到38.5℃

以上，同时服用羚羊角口服液退烧。需要强调的是，我有医学背景，所以我可以迅速判断孩子的问题，各位爸爸妈妈可以用我的方法做最初的尝试，如果孩子烧到 39℃以上，建议你们找医生治疗或服用药物。

第三，允许孩子自己的事情自己做。这是非常重要的一条规则。如果你打算开始给孩子建立规则，那么首先需要做到这一点。因为，我们替孩子做得越少，规则就越容易建立。

例如可以让孩子：

自己收拾好玩具。有的时候孩子会要求大人帮助，你可以偶尔替代他（她）去收拾，也可以作为帮手，陪他去收拾。

自己吃饭，而不是父母喂着吃。

自己洗漱。

自己穿衣服、穿鞋、穿袜子。

自己扔垃圾。

自己决定什么时间做什么事情。开始的时候需要家长跟孩子一起制订时间表，时间设置的间隔要比较大，尊重孩子想做的事情，跟孩子商量你希望他做到的事情。对于 3 岁以后的孩子，事情可以尽量安排得多一些，鼓励孩子动手动腿。

自己拿碗筷，自己洗水果。如果不放心，家长可以先洗一遍，再让孩子洗一遍。

养一盆植物或一缸金鱼。适合 3 岁以上孩子，让他们学会照顾其他人或物。

自己选择穿什么衣服，自己叠衣服，把脏衣服放到该放的地方。

孩子会在父母的尊重和放手中感受到做决定和独立自主的自由和快乐。这样的孩子会在父母的信任中慢慢习得自我管理的技巧，自然而然地内化各种规则、规范。相反，一个处处被替代、被包办的小孩，更容易显得笨拙、无措，也更容易被大人唠叨、催促。长此以往，这些孩子的精力无法放在真正属于自己的事情上头，而是陷于日复一日跟父母的角力和纠缠里。

第四，孩子年龄越小的时候，规则的弹性应该越大。只不过改变规则的时候，我们需要再建立新规则。譬如，孩子不好好吃饭，我们告诉他，下午可没有任何东西吃。可是孩子下午一个劲儿地喊“饿”，哭得似梨花带雨，奶奶就看不下去了，赶紧端过来吃的。总是这样的话，孩子以后还是会不好好吃饭。在这个问题上，我们就需要对规则做个修改。要么跟奶奶说无论孩子怎么闹，您都不要给吃的，这个估计很难行得通；另一个方法就是，如果你饿了，只能吃水果或几颗坚果，直到晚饭时间你才能吃东西。孩子越大，反而建立规则的弹性需要越小，因为这个时候他们已经可以做到自我控制和延迟满足了。

最后，请记得，不要以“叛逆”的名义阻拦孩子走向自主的精神世界。让我们珍视孩子每次的自我探索，这正是他们价值观、世界观和人生观建立的开始。

无条件接纳孩子

自我意识是心理学上的一个非常宏大的命题。对于父母而言，并不需要去了解形而上的“我”到底包含了什么，究竟如何演化，只需要知道怎么去恰当应对孩子的自我意识发展。

理论上说起来很复杂，但其实父母只要做好两件事就足够了。

1. 让孩子觉得：我是可爱的，是值得被爱的（2 岁以前）

对孩子而言，最重要的事是知道：我是被爱着的。当孩子感受到这种爱并内化后，会产生信念：我是可爱的，是值得被爱的。这将是孩子未来自尊、自信等其他品质的发展基础。

对孩子最有摧毁性的信念是：我不可爱，不值得被爱。这将会导致孩子的自卑和不自信。有这些感受的孩子肯定不会是个快乐的孩子。

父母具体如何做呢？

那就是，陪伴在孩子身边，在场，并且无条件接纳孩子。

“无条件接纳”是尊重孩子的身心发展规律，根据孩子所处的发展阶段接纳孩子当下的状态，但并不代表无原则地纵容。

“无条件接纳”是接纳孩子的情绪。允许孩子有情绪，允许孩子表达情绪，但并不代表要无条件满足孩子的所有要求。

“无条件接纳”是接纳孩子有个体差异。接纳孩子独特的个性特点，并不代表要不切实际地无原则夸奖。

只要妈妈做到了无条件地爱和接纳孩子，孩子就会在妈妈的眼睛里看见自己，并确认：我是可爱的，是值得被爱的。

向妈妈们推荐一个小方法和一个小游戏，可以有效促进这个阶段孩子的自我意识发展。

方法是通过抚触，对小宝宝的身体感知觉给予充分的刺激，可以促进他更加了解“我”的身体和周围环境的不同，激发孩子更多的感知“我”的存在。

镜子游戏很简单也很有效，常带孩子在镜子前动一动或者做游戏，会促进孩子对于自我的认知和感受。一旦孩子意识到自己的存在，他们就会考虑自己是谁，这正是自我概念的基础。

2. 让孩子体会到：我是有用的（2—6岁）

对处于这个年龄段的孩子来说，最重要的事是：我有力量，我有用，我可以，我能行，我很好。这些信念是孩子将来建立自我价值感的基础。

此时，对孩子最有摧毁性的信念则是：我没用，我不行。这会让孩子觉得，自己是可有可无的、没有价值的。

父母具体如何做呢？

那就是，给孩子独立自主的机会，让孩子获得掌控感，让孩子体会到小小的我对这个世界的影响力。

这种“影响”不一定要多大。不需要孩子成为专家或者优等生，再或者去获得某个标签或名头。相反，它是我们专心做某件事，或者努力克服困难时获得的一种感觉。

比如小孩子捏泥巴，在挤捏泥巴的动作中，手指间产生了愉悦感，也看到了自己对泥巴的塑造带来的变化，于是就产生了掌控感。

也就说，掌控感是创造、操纵过程的愉悦感。正是在这样的愉悦中，孩子产生了“我能行、我有用”的感受和信念。

平日里，一方面父母需要适度放手，给孩子更多选择权、决定权。另一方面不要泛泛地夸孩子“你真棒”。孩子完全不知道自己棒在哪里。要夸过程，夸孩子的行为带来了什么样的影响，孩子的力量塑造了什么成果等等。被尊重的孩子才会更好地发展自我。

需要注意的是，允许孩子自私、接纳孩子的脾气有助于孩子建立更完整的“我”。

维护孩子的物权也很重要。孩子有了“我”这个概念后，父母就会发现，再从小家伙手里拿走什么东西的话，可不是那么容易。这是孩子需要通过“占有”探索自己在这个世界的位置，以及确立人与人之间的界限。所以，父母需尊重孩子“独占”，让孩子自己决定要不要分享。

还要呵护孩子说“不”的能力。

2—6岁的孩子经常会说“不”，这是他自我意识的萌芽。他相信自己什么都能做，所以他什么都想亲自尝试。当事实和自己的想法出现差距时，孩子的内心会出现矛盾。父母要知道如何技巧地引导这些行为。比如，在接纳孩子各种负面情绪的同时，共情他的感受，并温和坚定地执行规则就好。

共情，养出情商高的孩子

共情是最常被提及、却又最容易操作走样的一个育儿技巧。

共情能在大部分日常亲子沟通中起到很重要的作用。懂得共情的父母，更容易走进孩子内心；懂得共情的孩子，在未来的人际关系中也会显示出更高的情商，更受别人欢迎。

一位妈妈在“积木育儿”的微信后台问我：“罗老师您好，我家宝宝两岁半，现在总是害怕很多东西。比如我们看绘本，只要有夜晚场景的他都怕，小动物的表情如果画得有紧张惊愕，或者绘本人物的眼白多眼仁小的他也怕。我很困惑怎么能让宝宝大胆一些，老师能给一些建议吗？”

这是大人常见的一种心态，希望培养出更胆大、更外向、更愿意当众表现、更聪明等加有“修饰语”的孩子，唯独没有想要蹲下身，去倾听孩子心里如何想。比如这个案例，在大人看来微不足道的事物，孩子为什么会害怕呢？但孩子们确实会感到害怕。与其给孩子讲道理，告诉他们要更坚强，不如说：“妈妈知道宝宝害怕，这确实画得不太漂亮。”妈妈的“知道”，就是非常给力的共情。如果妈妈同时还去亲亲或抱抱孩子，效果就更好了。

给孩子语言和肢体上的共情，然后再陪伴和鼓励宝宝看一看摸一摸画面，称赞宝宝勇敢的行为。在几次这样的引导之后，宝宝害怕的情绪就会有所好转。

也有一位妈妈这样对我讲述过她的遭遇：

我小孩8岁多，有一次她跟小朋友玩，看电脑视频。我下班前打电话，让她10分钟后到我办公室跟我回家。10分钟后我没见她过来就去接她，她还不走，等10秒后又不走，我一生气自己回家了。等她打电话让我去接她时，我说让她等一下，她不干，我就挂线了。去接她时，发现她在本子上画了一只乌龟，并写着“王八蛋”，我当时心里特别难受。孩子说是开玩笑的。又有一次不知因为什么事，我发现一张小纸上写着：“妈妈是老虎，我不喜欢妈妈。”

这位妈妈在和孩子的相处中明显缺少情感的交流。如果只是让孩子依照自己的意愿去做，而缺少和孩子的共情，自然会招来孩子的逆反和抵抗。尤其当我们和孩子发生冲突的时候，对孩子的情感需求要多关注，对孩子的负面情绪努力做到共情。

比如发现孩子难受的时候，可以坦诚跟孩子说：“我知道……你很难过，妈妈也很难过。”这样和孩子共情，让孩子感受到妈妈对于他的情绪的理解。说话的同时可以抱一抱、拍一拍孩子，通过肢体的接触更能安抚孩子的情绪；然后再陪伴和鼓励孩子一起面对问题和解决问题；最后别忘了称赞孩子的好行为。用鼓励和成长代替斥责和惩罚，才是帮助孩子建立好行为、巩固好行为的方法。

在上面两个例子中，都是同样使用了“共情”的方法有效解决了亲子冲突。若父母能够懂得对孩子共情，孩子将来在与人沟通的时候，也能学会用更加积极、情商更高的方式进行，当然也更容易成为受欢迎的人。

那么，如何训练父母的共情能力呢?

1. 学会换位思考

站在孩子的角度为孩子的行为寻找合理性，最大限度地理解孩子。确切说，这不是方法，而是愿意不愿意的问题。

2. 学会倾听

我们要倾听的，不仅指听取孩子口语表达的内容，还包括观察孩子非语言的行为，如动作、表情、声音、语音语调。父母进行倾听时，要有适当的言语和肢体反应，用点头、微笑、应答等表示听了，并且听懂了。

3. 表达尊重

尊重仍然是一种非常重要的育儿态度。要尊重孩子的个性及能力，而不是凭自己的感情用事；要接纳孩子的信念和所做出的选择或决定，而不是评论或试图替其做决定；要从更善意、更正向的方向去理解孩子的观点及行为，而不是简单采取排斥的态度；要以尊重的姿态和平和的态度表达自己与孩子不同的观点。

4. 少问“为什么”

当孩子表达他的想法或者感受时，父母要多去接纳孩子的感受，而不总是问“为什么会这样”“为什么会那样”。对于小孩子来说，他的感受只是感受，只是情绪的正常反应，未必能回答上来“为什么”。在情绪还未被疏导之前，你所问的为什么只会给孩子带去压力。相反，给了孩子共情后，一般孩子会主动开口跟你说点什么。

5. 积极回应而未必是事事认同

共情的主要目的是能感受和了解孩子的想法，尤其要让孩子知道父母了解他，愿意认真倾听他，而不是事事都要赞同、满足孩子的所有想法，要定规矩。表达共情与坚持规则并不矛盾，只是一个执行先后顺序的问题。先共情，再遵循规则，解决问题。

6. 细致表达自己的回应和态度

不要空洞地说“我理解你”“我知道你的感受”，而要将问题细化，告诉孩子你知道他“今天打针没有哭，很勇敢”、他“被同学欺负一定觉得很委屈”等。

7. 静静地陪着孩子也是共情

当人们遇到了不开心的事情时，往往不想说话，也不愿意听到别人在身边喋喋不休。这时父母可以安静地陪在孩子身边，什么也不说。例如，当妈妈看到女儿泪眼婆娑地从学校里回来时，也许她不想马上讲述在学校里的遭遇。妈妈可以走过去拥抱她，陪她静静地坐一会儿。父母的陪伴就是给孩子的最大支持。

8. 反应不要过于强烈，也不要过于冷淡

孩子向父母描述一些事情或感受时，父母的回应要有度，既不能反应过度，给孩子带来较大压力和心理负担，也不能过于轻描淡写，似乎那是一件与自己毫不相干的事情。

9. 共情时经常使用的言语

A. 表达对人情感的理解

“你现在的感受是……因为……”

“你感觉……因为……”

“你感到……因为……”

B. 表达对对方意图的理解

“你想说的是……”

“你现在最希望的是……”

“你的意思是……”

C. 表达对对方情感与意图的尊重

“我理解你的感受，我知道这对你很重要。”

“我能理解这种心情，我知道这种事处理起来很难。”

D. 以具体的行为表达对对方的关心

“需要我为你做些什么吗？”

“你看我能为你做些什么？”

E. 表达不同观点的方法

“你的话有道理，但是我还有一点不同意见……”

“你的观点挺新颖，但是，我有一点不同看法……”

七个方法帮助宝贝睡得香

孩子每天都离不开吃喝拉撒睡，日常养育当然也是一门学问。

一位姥姥向我抱怨："我外孙女现在快3岁了，从生下来就一直是我抱着睡，睡到现在，我几乎坐着睡了3年。她妈妈马上又生老二了，我已经快散架了，唉！"

姥姥心疼女儿，是人之常情，但白天带了一天孩子，晚上还要继续带孩子，真是太辛苦了！

很多妈妈聚在一起，最常交流的一个问题也是："你们家宝宝睡觉好吗？"很多妈妈都会摇着头，苦着脸说："不好，一夜起来好几次，还没睡着就又醒了。真是让人崩溃啊！"如果遇见那些一觉能睡3个小时以上的宝妈，其他妈妈肯定羡慕得都要流口水了。再听说那些一夜睡到天亮的宝妈，简直要羡慕得大哭！

中国式爸爸常常像个没事人，一夜偶尔听到哭声，翻个身又呼呼大睡。早上起来逗着宝贝说："昨晚睡得真好！"恨得宝妈牙根直痒！有时宝妈害怕宝爸的鼾声影响宝宝，直接把宝爸隔离到沙发上。

多辛苦，宝妈都自己扛着。早上起来，轻则披头散发，睡眼惺忪；重则一会儿躁狂，一会儿抑郁，一会儿哭，一会儿笑！这是要精神分裂的节奏呀！所以说，宝宝睡不好觉，是全家人的大事。

有些宝贝半夜起来不睡觉，非得让家里人陪着玩一两个小时才睡；有些宝贝一夜醒个五六回；还有些宝贝醒一次大哭一次，一哭就是一个小时；更有宝宝晚上12点睡早上4点醒，真是让妈妈们疯狂的节奏啊！

在我记忆中，我家老大开心（女孩）是在两岁半以后一夜睡到天亮的，偶尔中间起来上个厕所。3岁以后，反而会哭个两到三次，说是做了噩梦，甚至还偶尔有一两次的梦游。我家老二可乐（男孩）因为在我肚子里待的时间太久，出生的时候鼻子水肿，一直呼吸不畅。又加上我生他的时候感冒咳嗽，出生后前10个月每晚醒无数次，但10个月后就开始睡大觉，一夜只喝一次奶（9：30睡前奶，凌晨2：30一次，就一觉睡到早上7点了）。后来我从可乐身上发现，睡眠与排便也是息息相关的。可乐从出生到5个多月的时候，几乎都是5天以上才排一次臭臭，而且多数是人工迫降。因为大便不畅，导致宝宝脏腑阴阳不调，自然就睡不好。直到10个月大，每天一次大便，大便成形，没有奶瓣，消化良好，这时候他的睡眠状态一下就改善了。

宝宝睡不好，不长个儿，更重要的是，还会影响吃饭、牵扯情绪发展、入园焦虑等一系列的事情。研究表明，妈妈长期睡眠不足，还会导致轻度抑郁。一旦妈妈进入抑郁状态甚至罹患抑郁症，宝宝成年后出现心理问题甚至精神疾病的概率会显著上升。真是可怕的蝴蝶效应！

宝宝睡不好的原因究竟是什么呢？

1. 神经系统发育不全，功能不足，导致宝宝不能形成浅睡眠到深睡眠的自然过渡。通常一夜我们要经过 4~5 个睡眠周期，每 90 分钟一次快速眼动阶段，也就是做梦阶段。从浅睡眠到深睡眠要经历 α 波－β 波－θ 波－γ 波，尿尿、拉臭臭、声音、灯光都会影响宝宝不同睡眠阶段的过渡。

2. 没有养成良好的睡眠习惯。譬如晚上孩子一哭就喂奶；睡觉前让孩子玩得太兴奋；宝宝一放下就哭所以干脆抱着睡；宝宝一旦睡着，保持绝对的安静，甚至连大气都不敢喘；白天和晚上的睡觉时间颠倒；晚上睡觉开灯，甚至宝宝醒来的时候跟他说话；宝宝要玩，就陪着玩一两个小时再睡；吃得太饱、盖得太厚、床上太潮等。

3. 有专家会认为孩子缺钙或缺微量元素，这对于早产的孩子来说可能影响更大。

这样看来，要想宝宝睡得好，最重要的是养成良好的睡眠习惯。生理上的问题都是小问题。因为随着年龄的增长，神经系统会发育得越来越好，饮食种类的不断丰富，营养的不断增加，所谓的缺什么的状况基本可以忽略不计（当然，这还得看宝宝吃饭吃得如何？这也是让人挠头的事情）。

那么我们应该如何帮宝宝养成良好的睡眠习惯，让宝宝学会睡好觉呢？

请妈妈们深吸一口气，这个任务一定是你的！如果你坚持，你就会更快地结束被“小魔头”折磨得想要发疯的日子！

1. 要让宝宝有足够的活动量。不要总让宝宝静止不动，不要总抱着他。年龄越大活动量就应该越大。天气好的时候，一定记得出去晒太阳（妈妈坐月子的时候，宝宝可以抱出去晒太阳，既可以去黄疸，还可以补钙）。

2. 白天睡觉的时间每次控制在两个小时，不要过长。最好在晚上9点左右让宝宝进入夜间睡眠，让宝宝形成规律的生物钟。因为晚上10：00—凌晨2：00是成长激素分泌最旺盛的时间，睡得好才能长得高。

3. 凌晨1点的时候，宝宝阳气上升，他会感觉热，所以经常蹬被子。记得给宝宝调整被褥的厚度。凌晨1点钟后稍微盖薄一些。记得让宝宝的两只手露在外面，稍凉，说明正好。保证背部一定要盖好被，背冷就会生病。

4. 睡前一个小时，可以做抚触、讲故事、洗澡、听轻柔音乐、玩一些安静游戏（各家有各家的顺序，都OK）。随着灯光渐渐变暗，声音要渐渐变低，逗弄也渐渐变少。最多只需要一周的时间，宝宝就会明白一系列的工作之后，接下来要进入睡眠状态而不是兴奋状态。这种生物钟会随着年龄的增加不断变化，但每次变化都会短则几周，长则几个月。但不管睡觉的时间是提前一个小时还是推后一个小时，睡前的工作都是一样的。

5. 半夜宝宝醒来，不开灯，不说话，抱着拍拍，搂着拍拍，喝

点水（少给奶）。这样以后断奶的时候也好断。如果宝宝精神了，想继续玩，妈妈还是要保持不开灯、不说话、不陪玩，假装睡觉。大概3次，宝宝就不再半夜折腾了。

6. 睡觉前不要吃得过饱，睡觉的时候不要穿得太多，哄睡的时候不要抱着宝宝大幅度地晃或走过来走过去，左右小幅度摇晃，频率慢一点，哼唱一些慢节奏的歌曲。不要害怕自己五音不全，也不用非要唱世界名曲，只要是你的声音，这就足够了！放下如果哭，抱起来继续拍，再放！千万不要因为一放就哭干脆就不放，你睡不好是小事，孩子的脊椎会因此而变形。

7. 绝大多数孩子都会有偶尔的几次夜惊或夜啼，这种情况如果不是每天都有，而是每个月可能有那么一次，尤其是在1岁前，那都是正常的，不用去看医生。可以尝试每周给宝宝泡一两次热水脚。**揉揉涌泉穴和足三里，有助宝宝睡眠**！

我现在养两个孩子，对哲学家们说过的一句话体会最深：万事万物都是普遍联系的！当年上本科学习《西方哲学史》的时候觉得这门课最没用，现在发现这简直是养育孩子最大的方法论，太有用了！

睡觉占据了人一生三分之一的时间，多大的事情呀！这连接着好多事呢！首先就是吃饭！听我继续细细分解！

让宝贝爱上吃饭

孩子天天都要吃饭，饭吃好了，睡眠好、排便好、长得高、身体壮，更健康。最重要的是，研究表明，挑食或不爱吃饭的人，其心理健康水平显著低于吃饭吃得好的人，他们更容易患强迫症和焦虑症。

但我遇到咨询宝宝关于吃饭的问题真是太多了！每次我出去做讲座，都有一些家长会问我有关宝宝吃饭的问题。主要是四类问题：

一是挑食，不爱吃蔬菜，不吃肉，不吃主食，不爱喝水，酸的不吃，苦的不吃，辣的不吃，只吃甜的。

二是奶粉为主，流食居多，辅食或硬的食物吃的极少。六个月是宝宝嗅觉和味觉发展的敏感期，错过了后面再加辅食就会有些困难。长期以奶粉为主还会导致孩子牙床不够坚固，缺乏咀嚼，嘴部力量不足，导致语言发展迟滞。

三是就爱吃零食，不爱吃饭。米饭、面条、菜、肉、水果都只吃很少，但对饼干、薯片、海苔、蛋卷之类的可不客气。

四是孩子什么都不爱吃。每天活动量也不少，就是不怎么吃饭，瘦得恨不得抱着树桩走，生怕被吹跑。

其实，宝宝不挑食，这是进化的本能。之所以变得不能吃，我称其为“习得不能”。也就是说，我对吃饭不感兴趣是你让我学会的，我本来不是这样的！你要求我必须按照你的方式吃饭，但我希望按照我的方式先试试，可是连这个机会你都不给我！我没有自主选择的权利，所以我没有办法对此感兴趣！推而广之，孩子不愿意学习，很大程度上也是因为“习得不能”。

大多数妈妈都知道孩子不好好吃饭的原因，其实很简单：

第一，吃饭对于宝宝来说是件不愉快的事情，要么被催着“快吃，快吃”，要么被训着：“怎么吃这点？”“怎么搞得到处都是？”“怎么这不吃那不吃？”

第二，零食对宝宝的发育没有任何帮助。可大人们觉得我们家孩子没有吃过这些东西就表明我们落后了，早早就给孩子吃麦当劳、肯德基。或者是孩子一哭，塞一块糖，不哭了，这个管用！要知道宝宝对于任何香甜的东西都具有天生味觉偏好（妈妈回去看看那些小零食，添加剂、糖精、香料、人造奶油充斥在小朋友所谓的“健康食品”里）。一个姥姥带一男宝，宝宝手里总是攥着一根火腿肠或一块面包。这位姥姥还跟我抱怨说：“这孩子回家什么也不吃，每次拉大便的时候都要半个小时，得我帮忙抠出来，还一拉大便就哭！”我诚恳地告诉她别给孩子吃火腿肠和面包了！姥姥一脸想不通地说：“那不是更没有吃的了吗？那身体怎么好？不让他吃，他哭闹呢！”

唉！姥姥没有搞明白，正是因为吃火腿肠和面包才导致孩子大便困难、饮食困难。

第三，喂得太饱，吃得太单一。有位姥姥生怕外孙子吃不饱，给孩子喂到往外呕才停止。有些奶奶不会做饭，翻过来覆过去就是米粥、鸡蛋、面条，饮食过于单一，宝宝会觉得吃饭实在是个无趣的事情，还不如去玩呢，所以宁愿饿着也不愿多吃一口。

第四，吃饭的时候要么给孩子玩玩具，要么看电视，要么又唱歌来又跳舞，要么追着屁股后面喂，尤其是宝宝玩的时候，见缝插针，塞进一口是一口。

第五，宝宝不想吃的时候你非得塞给他，还得按照你的要求，不能用手，不能玩筷子，不能乱动，一大堆的“不能”！如果宝宝会发微信，他一定在朋友圈里说：“人世间最悲惨的事情就是吃饭，好痛苦呀！”

在我看来，绝大多数不好的饮食习惯与抚养人有关。平时老人带孩子，生怕孩子吃不饱，加上现在国外的食品方便轻松获得（我个人认为国外的食品也并不都是绝对健康的。我也购买过，也研究过，只能说相比而言，比国产的食物更健康而已），可选择的食物太多，一会儿吃个这个，一会儿吃个那个，肚子都被占满了，到了该吃饭的时候自然就不想吃了！所以，在这个问题上，我建议妈妈爸爸列一个表，明确写出来几点到几点吃什么。譬如早饭有鸡蛋、有粥、有主食、有小菜等。记得早饭的种类一定要丰富；上午 10 点左右吃水果最好；饭前最好不要进食甜食；午饭需要补充多一点动植物蛋白和维生素，也就是蔬菜和鱼肉都应该有点；饭后半个小时给宝宝喝点酸奶（2 岁以后的宝宝喝酸奶）；下午 3 点左右加一些坚果（有饱腹感，而且健脑）。

有妈妈会说，我也不知道几点吃什么呀？

亲爱的妈妈们，尽管营养学一直在变化一些喂养方式，但有些喂养原则譬如说宝宝成长的不同阶段需要哪些不同的营养元素、从哪些食物中可以获得，还是固定的，只要你稍稍用心一下哦！

在吃饭问题上，可以坚持以下原则：

1. 少吃零食，尤其是油炸食物。研究表明，油炸食物明显降低儿童的智力发展。麦当劳、肯德基偶尔尝一下就足够了，一定要以中餐为主。

2. 爸妈不挑食，带着孩子吃。孩子动嘴，你也动嘴，给孩子一种嚼着香香的感觉。

3. “若要小儿安，三分饥与寒。”即不贪食，不能让孩子吃得过饱，而且增加孩子的耐寒训练。

4. 让孩子把吃饭当作有趣的事情。允许孩子用手，用嘴探索食物；允许孩子把食物弄得满桌都是；允许孩子想用任何吃饭的工具。（可以专门给他一个吃饭的小桌子，让他感觉到开心），千万不要制造其他分心刺激。趁孩子不备喂一口的做法，万万不可！

5. 6 个月开始添加辅食，不断增加辅食的品种。让宝宝接触各种口味，红薯、芋头、山药、小米、大米、面条、水果、蔬菜（各种颜色的蔬菜）、鱼肉、虾肉、鸭肉（温补）、鸡肉（少吃）、牛肉、羊肉等。这对于孩子味蕾的发展有很大的帮助作用，也是今后不挑食的基础哦！

在吃饭问题上，孩子的个体差异还是比较大的。这与妈妈怀宝宝时的身体状况、饮食状况和心理状况都有很大的关系。研究表明，有产前抑郁症倾向的妈妈，宝宝的饭量通常都不大，还比较挑食。中医讲，“肾是先天之本，脾胃是后天之本”。肾主神明，心情不好，吃饭不香，久而久之就不想吃了。加上后天各种不合理的饮食习惯，想让宝宝吃好实在不容易。

宝妈们，一定要变换花样给宝宝准备食物！美国的一位心理学家调查了1000多位小学生，列举出他们认为最好的妈妈是什么样的。小朋友们的第一条标准是：能照顾我的生活，给我做好吃的！网上有很多好看又有营养的宝宝食谱，宝妈们可以借鉴尝试！

一个好妈妈注定要跟厨房结缘，建议宝爸好好布置一下厨房。买好锅好碗以及易清洗的灶台油烟机，准备齐全烤箱冰箱微波炉，让宝妈感觉做饭也是一种超级享受！宝爸偶尔也下个厨房，带上宝宝一起，全家在厨房忙活一下午，宝宝绝对高兴。自己做的饭，宝贝肯定爱吃！

最后一点，请宝爸宝妈不要愁眉苦脸地跟宝宝一起吃饭，他动嘴的时候你也动嘴，而且高兴地咀嚼，宝宝们一定会慢慢爱上吃饭的！

每个磨蹭的小孩背后都有一位越界的家长

有一个朋友总是抱怨她的宝贝儿子非常磨蹭。就读小学四年级的他，每天写作业都要拖到很晚才能完成，早上起床也慢慢悠悠，仿佛除了玩儿，做一切事情都磨磨蹭蹭。朋友向我询问解决的办法，闲聊中我问她："你当了这么多年全职妈妈，有没有想要做点别的事情呢？"她懒洋洋地说："我想做很多事情，可一去做，我就不想动了！"

我说："这下你知道孩子为什么磨蹭了吧？"她很惊讶地说："难道是因为我吗？不会吧！我每天都在催他做事情呀！我对他要求很严的！我现在之所以觉得应该找点事情做，是不想让我儿子看不起我！"

朋友的逻辑让我哑然失笑！父母是孩子的一面镜子，一个拖沓的妈妈又怎么要求孩子做好呢？

很多家长看见孩子一慢，就会不停地唠叨、催促，表达不满和抱怨，甚至打骂。其实越是经常被催促的孩子，越容易做不完事情。

因为孩子的心里一直都在反复回荡着妈妈的催促声，占用了思考问题的时间，不仅手忙脚乱，还会造成很多不必要的失误。

孩子有自己做事情的节奏，妈妈不能以成人的标准来规范孩子的行为，不然就变成了入侵和越界。

很多时候，孩子做功课、做家务会比成人效率低、速度慢，但并不是因为拖拉，而是能力有限。孩子刚刚接触到一项新的技能，需要时间练习。孩子只有在自己最舒服的节奏下，才能最佳地发挥自身的潜力。不断地催促只会让他变得瞻前顾后，更加难以提高效率。

如果孩子稍微慢一点，妈妈就失去了耐心，还给孩子贴上“磨蹭”的标签，会强化孩子磨蹭的心理——你看，我就是这么慢！导致如果是必须做的事情他就慢慢做，如果是可以不做的事情他就拖着不做。

尤其对男孩子来讲，他们是不能同时处理多个信息的，否则就会大脑直接NG，即使你说了再多的话，他们的大脑也不会做任何信息加工，这时沟通无异于对牛弹琴。如果你发火了，说出更多的气话，他们就会闭紧嘴巴，不做任何反应。所以，第一，我们不能同时给男孩布置很多项任务；第二，我们不能用很快的语速和男孩说很多话。

当你需要“布置任务”的时候，要转过他的脸，看着他的眼，微笑，用较慢的语速说出你的需要，并让宝贝确认你想要表达的内容他是否明白。这只是第一步，接下来你需要给他足够反应的时间，跟他商量什么时间可以完成。第三步，你需要适时的提醒他。最后，孩子完成了任务，要为他竖起大拇指点赞；完不成任务则要和孩子一起找原因，建立下一次的规则。不断重复这一过程，在重复中帮助孩子建构时间规则。

生活中还有一类妈妈经常以时间来不及为借口，包揽了孩子该做的事情。早上时间不够，帮忙穿衣服；出门时间来不及，帮忙喂饭、收拾书包；孩子不懂安排时间，直接排出时间表，精细到吃饭、上厕所。虽然妈妈一边催促、批评孩子，却一边帮孩子干完了所有的事情。

这种帮倒忙的方式，是妈妈闯入了孩子的成长空间，并承担了本应该孩子自己承担的责任——因为磨蹭造成的后果。虽然结果是美好的，孩子上学没有迟到，作业按时完成，时间安排紧凑，但每一步都是在妈妈的保护伞下进行的，不是孩子自觉自愿的结果。长此以往孩子就会形成一种思维定式——虽然做事情会被妈妈骂，但只要我装听不到，妈妈什么都会替我做的。长期下去，妈妈只会越来越累，孩子也丧失自己锻炼的机会，不利于独立能力的培养。

每一个磨蹭的孩子背后，都有一位越界的父母。要想孩子不磨蹭，父母的心态是关键。

每个人从出生开始就注定是不同的。身体素质不同，基因表达不同，养育环境不同，父母教养方式不同，家庭氛围不同。有些孩子尽管很慢（相对于父母的要求而言），但不代表他没有用心学习，也不代表他学习的速度慢，只是展现出来需要的时间长而已。在孩子的神经发育还没有发育成熟的时候，动作跟不上节奏那是再正常不过的事情了。

无论是什么原因导致孩子的磨蹭，只要我们坚持一个接纳的原则，孩子的问题就会迎刃而解！接纳他们就是这样独一无二，与众不同；接纳他们不能像我们要求的那样迅速反应；接纳他们很多习惯从开始养成的时候是我们没有做好！改变亲子之间的沟通模式，多给孩子一些空间和时间。

给孩子熬一锅“安全感”汤

“罗老师，我们家的孩子胆子可小了，见到人就躲到我们身后。”

“罗老师，我儿子可胆小了，连一个很低的坡都不敢跳。”

“罗老师，我女儿在家的时候什么都敢说，动不动就发脾气，出门的时候什么都不说，也不敢跟小朋友一起玩。”

……

孩子胆小是很多家长都会碰到的一个问题，在我讲过课的二十多座城市里，几乎每次都会遇到在这个问题上有苦恼的家长。

通常被问到这样的问题时，我一定会反问：“您家宝贝多大了？”因为不同年龄的孩子胆小的原因差别很大。

宝贝在1岁半左右就有同伴交往的需求了，他们喜欢看到相同年龄的小朋友，虽然他们连打个招呼也不会做！随着年龄的增长，2岁开始他们就希望在游戏的时间里看到更多的小朋友了；3岁左右开始进入同伴间的平行游戏，就是你玩你的、我玩我的；快4岁的时候，就可以分工玩过家家，合作完成一项事情。年龄越大，对同伴的要求就越高。在同伴交往中，孩子学会选择朋友，开始出现真正的分享、互助和亲近社会的行为。有时候是老人带孩子出去，但把孩子圈在一个角落，很少跟其他孩子一起玩；有时候是爸爸妈妈觉得孩子太小，无法跟其他小朋友互动，也就忽略了孩子的需要；更多时候是没有环境和客观条件。

很多时候孩子的自由探索和自主行为被无情地剥夺或阻止了，也会让宝贝变得胆小。美国心理学家埃里克森的八阶段人格理论讲到，两岁左右的孩子出现自我意识的时候，主要解决的心理冲突是自主对羞愧。就是本来特希望按照自己的想法去干点啥，结果爸妈大惊小怪，“不行！”“不能！”“不要！”“不不不！”

作为一个成人，我们感同身受一下，你的领导总是跟你说“不不不”，你是什么感受呀？问题是你不只是孩子的领导，你也是他最亲密的人，一个最亲密的人应该是提供支持的，对吗？总是否定，他就不跟你玩了！回头他不听话，他说“不”的时候，你可别想不通哦！

一串串“不”后，孩子不但不敢去尝试了，而且还会对你的否定产生羞愧的感觉，自然就更不愿意“抛头露面”了！

胆小可以归类为一种性格特征。既然是性格特征，就有先天基因遗传的影响，也有后天教养的影响。研究表明，后天的教养对性格的形成影响更大。

很多孩子由老人带大，老人喜静不喜欢闹，带孩子的时候多半让孩子看电视或者让宝宝独自玩一些比较安静的游戏，例如搭积木、玩电动玩具（顺便说一句，我本人非常不赞同给孩子买电动玩具，不能对孩子有任何锻炼和促进，还会损坏宝贝注意力的发展）。以这种方式带大的孩子，因为跟人的交流和沟通比较少，所以与人的心理距离比较远，对陌生人的焦虑比较多（通常宝贝在7个月以后会出现陌生人焦虑，这是很正常的。表现为不喜欢陌生人抱，见到陌生人扭头等。持续时间视不同应对方式而有所不同，长则1年多，如果能顺利过渡也就两三个月）。

我常说，人是关系的产物，只有在关系中人才可以满足所有的生理和心理的需求。一个小生命从他诞生的那天起，就注定有妈妈，有爸爸，有奶奶、爷爷，姥姥、姥爷。也就是说，一个个体起源于关系，成长于关系，原则上说，他本能的不应该会对关系表现出抗拒、排斥和退缩（除非是一种令人绝望、恐怖或悲伤的关系，这对于成年人的退缩行为可以解释清楚，但对于那么小的孩子来说，任何正常健康的父母都不可能营造出令人绝望、恐怖或悲伤的关系）。之所以会出现不愿意去靠近或亲近他人的动作，很重要的一个原因就是安全感不足（陌生人焦虑不属于我现在讨论的范畴，那是宝宝表现出对抚养人依恋和不愿分开的一个正常的发展阶段，这个阶段是很快就会度过的。但如果这个阶段抚养人没有给孩子足够的安全感和亲密依恋，陌生人焦虑就会固着，出现胆小、退缩的人格特质）。

安全感是现在的新新家长和专家们都非常重视的问题，越来越多的人关注安全感，越来越多的人意识到要给孩子安全感。安全感真的那么重要吗？确实很重要！非常重要！极其重要！

重要的事情说三遍，尤其是当我们意识到的时候，我们就应该去做，而不是想着日后再去弥补。

胆小的孩子很多时候因为没有足够的安全感，所以不敢去探索，不敢与人交往，甚至不敢看对方的眼睛。

安全感主要是妈妈给予的，但不是天天陪着孩子就可以获得安全感。如果只是人在心不在，或者对宝贝的任何需求都不敏感甚至很少回应，或者每次都用不耐烦或严厉的表情去回应，这样的陪伴不但没有任何作用，还会有负面作用。这种不安全的依恋关系，就会让孩子越来越害怕人，他怎么可能有理由相信外面的世界和人呢？

学会给孩子熬一锅“安全感”汤而不是“心灵鸡汤（不要讲道理）”。汤谱很简单，两个字“互动”，再加点小葱——频繁互动，还可以加点麻油——微笑着频繁互动。出锅，绝对美味！

无论是老人带娃，还是全职母亲，宝贝越小的时候，越是需要互动越多的时候。这种互动在 6 个月之前可能都是以大人为主的；等到了 10 个月左右，大人和宝贝之间的互动比例可以达到 3∶2；等到孩子会说话了，通常这个比例就变成 2∶3 了。宝贝小的时候怎么互动呢？实际上就是对宝贝所有的哭声、笑声有回应和反馈。要么给予动作上的拥抱、亲吻、抚摸，要么给予语言上的抚慰，尽管说就是了！不用在乎孩子听不听得懂，也不要刻意用叠词。

研究表明，孩子学习叠词和非叠词用到的神经元数量是一样的，长期使用叠词还会减少孩子的词汇量，所以，别跟孩子说“吃饭饭、睡觉觉、拉粑粑”，就说“吃早饭、睡午觉、拉大便”，要记得哦！因为日常用语里，一半以上的用词都会每天重复，儿童对语言的理解先于表达，一旦他建立了单词与事件之间的关系，他就开始理解这个词汇的意思了！所以，突然有一天，你没有教他们的词汇，他们都说得头头是道，你还纳闷呢！所有的动作都可以有语言来伴奏，如果再有一些面部表情的变化（做鬼脸），那你和宝宝之间的关系不但安全，还会有助于宝宝形成快乐的人格特质。

胆小不可怕，可怕的是我们给孩子贴上“胆小”的标签以后，总是数落他“胆小”，他就会越来越胆小！给他陪伴，温暖的陪伴，熬好“安全感”汤，你会发现孩子越来越胆大了。

教育不是和孩子较劲

有一天，我带着可乐去公园，看到一位妈妈戴着口罩坐在跷跷板的一边，另一边地上蹲着一个不满 3 岁的孩子。宝宝站起身来一不小心碰到翘起的跷跷板上，开始号啕大哭。妈妈就说：“都不长眼睛吗？别哭了！公园里就你在哭！”她越说，孩子哭得越凶；孩子哭得越凶，她说得越狠。后来妈妈站起身来，走到孩子跟前说：“别哭了，站起来，丢不丢人，就知道哭！”孩子始终坐在地上哭，一动不动。后来妈妈发飙说：“你哭吧，我走了！”就起身离开孩子去收拾远处沙坑里的玩具。孩子哭得更凶了，几乎跪在地上哭喊：“妈妈！妈妈！”

我实在看不下去了，就走过去跟这位妈妈说：“您别说气话了，去抱抱孩子，他就不哭了！”她看了我一眼，说：“你都不知道他的脾气有多大，我们刚刚从八家公园来这里（路可不近），就说要玩沙子，来了又不玩。说啥就是啥，不答应就发脾气。都是被他奶奶惯的，都没边了！”

我理解这位妈妈刚才正在气头上，态度自然不好。但这件事情上，妈妈犯了两个错误：第一，作为成年人，你必须要用最快的速度调整自己的负面情绪，尤其面对孩子发脾气的时候；第二，孩子发脾气的时候，是不适合给他立规则的。用严厉的语言，用凶恶的态度，用拒绝的体态，不但不能让孩子停止发脾气（有时候出于害怕孩子可能会暂时妥协，但并不能改变现状，长此以往，就会变成脾气暴躁的性格），而且还会延长发脾气的时间（你越不能理解我，我越哭得凶）。

教育不是较劲，尤其不能跟孩子较劲！

孩子脾气大，当然有遗传的因素，大概占20%~40%，爸爸妈妈脾气都大的，就别嫌自己宝贝的脾气大！当然，过度宠溺、不设规则、有错不惩罚都是导致孩子坏脾气的原因。

老人常常觉得，咱有钱，生活条件好了，孩子想吃个啥，玩个啥，为啥不行！有时候还说呢：“你妈不给你买，我用我的退休金给你买总成了吧！”要啥给啥，自然没有规则可言！只要我大孙子、大孙女（外孙、外孙女）想要的，奶奶（姥姥）砸锅卖铁都要给买回来！甚至有时候妈妈明文规定不许做的事情，趁妈妈不在，有些奶奶照样去做（通常这个时候，姥姥还是比较听女儿的嘱托）。

当一个孩子所有的需要都可以被满足，一旦某个需要不能被满足的时候或者需要延迟满足的时候，他是一分钟都不能等待的。发脾气、扔东西、打人，甚至打自己都可能出现。现在的生活已经让很多孩子不需要经过努力就可以获得他想要的东西，这其实就剥夺了孩子通过自己努力获得成功的自信心和成就感。随着年龄的增长，生活中十之八九的不如意，发脾气不管用了，爸爸也不是李刚，没有人在乎他，他们就会成为那些不堪一击的生命！

所以，我郑重地告诉家长，**过分地宠溺，不立规则，错不惩罚不是爱孩子，是毁孩子**！

除了这三个原因，心理学上有一个词“心理设限”，用通俗的语言就是“梦想成真”。你总觉得自己的宝宝脾气大，你就会发现他真的脾气越来越大。等孩子来脾气的时候，就千方百计地满足孩子的需要，以为这样孩子就不再发脾气了。殊不知这样做，在宝宝看来如同拿到了尚方宝剑，于是要求越来越多，脾气越来越大。老人们或爸妈们就说：“你看，我就说了，脾气大得很，没办法！”

发脾气是一种情绪的表达，每种情绪表达的背后都有一种需要。当这种需要被满足的时候，表达出来的就是正向情绪——快乐的、高兴的、舒服的、愉悦的；当某种需求没有被满足，表达出来的就是负向情绪——生气的、悲伤的、抑郁的、焦虑的。尤其是对一些还不会说话，或者还不能说完整句子的孩子来说，发脾气是孩子所能采用的最快方法，以便让大人知道他有需要还没有被满足。是不是所有的需要都要被满足？当然不是！但是所有的需要都要被关注和回应。发脾气通常的需要是：我要吃，你不给吃；我想睡，找不到合适的姿势；我想玩，你不陪我或你不让我玩；我想抱，你不抱我。

细心的父母一定能够了解宝宝发脾气的原因。只是有时候想跟他较个劲“非治治你不可”，要么就是抹不开面子，“你把我肺都快气炸了，怎么我还得哄你呢”？就凭我们比孩子年长，咱就别任性了！最重要的是，咱想任性也得找对对象呀！跟“小屁孩”任性就像跟住在深山老林的人说“互联网 +”一样，完全不能沟通！事实上，孩子没有无缘无故地哭、无缘无故地闹！人都是趋乐避害的，这是本能。对于 6 岁之前的孩子来说，整个人都处在精神胚胎期，这个时候只要心情愉悦，他们就会像海绵吸水一样不停地学习，而且是快乐地学习。

所以，拜托各位家长，在宝宝闹脾气的时候、哭的时候，先给他身体上的抚摸。然后告诉他：“宝贝，妈妈能理解你现在的想法和需要，我们这样可不可以呢？”提出一个折中或退而求其次的方法（只能怪你提前没有订立好规则），别跟孩子硬碰硬。孩子只有在安静的状态下才能听到你在说什么，尤其是男孩（因为他们大脑里负责思考的额叶面积比女孩小）。遇到相同情况，孩子不再闹脾气了，要给一个大大的奖励（最好不是贵重的玩具，让孩子自己选择）；允许这样的行为反复，但每次都要跟孩子达成一个协议——下次怎么办！记得让孩子先说，你来补充。

最后补充一点，夫妻有时候生气，也会有一方发脾气，这些可是被这个小家伙看在眼里、记在心上的哦！所以，如果你们吵架或生气，请在一个房间里关上房门去处理！对于孩子来说，有一种幸福叫父母悄悄地吵架！

让孩子在关系中煎熬和成长

从1938年开始，整整经历了75年的时间，哈佛大学的一项研究追踪了724名被试。被试有两组：一组是哈佛大学大二的学生，另一组则是波士顿最贫穷区域的人。后来这些被试长大成人，进入社会各行各业，有的成了工人、律师、泥瓦匠、医生，也有的成了酗酒者，有的患上了精神分裂症，还有一位成了美国总统。简言之，有人从社会底层一路爬升到上流社会，而一些人却沿着相反的方向走过这段人生旅程。

这项研究方法足够科学，被试不但能定期收到问卷，研究者还可以从他们的医生那里获取医疗记录，包括血样和大脑的扫描结果。研究者还与他们的妻子和孩子交谈，并用摄像机记录他们和自己妻子谈论的最隐秘的担忧。这样缜密、史无前例的研究，揭示出一个结果：只有良好的人际关系才能让我们快乐和健康，而财富、名声或者拼命工作并不能让我们获得快乐和赢得健康。温暖、良好的亲密关系不但可以缓冲我们在衰老过程中遇到的坎坷，还可以减少我们躯体的疼痛、保护我们的大脑（年纪轻轻就得老年痴呆症）。

人是关系的产物！关系就是一切，一切都是关系！好的关系才能带来美好的人生！

对于一个个体来说，首先要处理好与父母的关系。因为和谐的亲子关系会让他学会接纳自己、欣赏自己，知道如何建立今后的亲密关系。而亲密关系的好坏又决定了接下来的亲子关系，这是永远的轮回。

1 岁半左右的宝宝就开始有与同伴接触的需要了。两岁左右开始偏好与同龄或稍大一点的孩子凑热闹。3 岁左右进入平行游戏阶段，3 岁半就可以进行假想游戏（如过家家），4 岁进入合作游戏，5 岁开始分享游戏，互助游戏就出现了。同伴关系为今后的同事关系、同学关系、同辈关系和绝大多数同龄关系奠定了基础。在与同伴交往中，孩子学习到的是人与人交往的规则：服从（我听你的）、领导（你听我的）、合作（我们重新定规则）和竞争（我们都听第三人的）。研究表明，好的同伴关系会显著增强个体的主观幸福感和个人成就感。

还有一种人际关系是师生关系。3 岁的宝宝，绝大多数都上了幼儿园，这个时候他们开始认识“老师”这个角色。师生关系将会影响个体以后与领导、长辈之间的关系。因为在师生关系中，孩子学到的是权威和敬畏（前提当然遇到的是良师）。很多孩子浪费粮食、对父母不敬、对长辈不尊（最简单的就是年轻人在公交车上不知道给老人让座）、对生命不珍惜（随意杀死自己或随便杀害别人），这一切都因为没有敬畏之心。而这种敬畏之心源于宝宝进入幼儿园后与老师之间的关系是否安全。幼儿园的事故近几年来不断曝光，老师殴打、虐待孩子屡见不鲜，而事情如果没有被发现，则可能继续发生；如果被揪出来，最多是老师辞职走人（可这个老师转战他处可能还会继续伤害其他小朋友）。最重要的是被伤害的孩子需要做及时的心理干预，否则孩子可能被这样的伤害影响一生。很多家长都问我："如果孩子在幼儿园遇到了不好的老师，该怎么办？"请一定要为你的孩子据理力争，让孩子懂得什么样的人值得尊重和敬畏。不能让孩子每天都在煎熬的环境中成长，这会严重影响他的心理健康，更重要的是会影响他们成人后的人际交往和社会功能，严重的甚至会出现心理疾病和犯罪行为。在心理学的研究中，儿童和青少年的很多问题行为与师生关系都有高度的相关性，这充分说明了师生关系对儿童形成良好心理建构的重要性。

所以，首先要给孩子提供社交环境。在钢筋水泥的楼房里，找到小朋友都挺不容易的，尤其是冬天，孩子们几乎都窝在家里。而且有些老人害怕孩子拿别人东西，或被其他小朋友推了搡了，带着孩子坐在小角落里，看着别人家的孩子玩。这些做法都是不可取的。共处和游戏的经验可以从宝宝的内心建构起人与人之间的关系，进而发展出亲密的关系。

开心上幼儿园不到一年的时候回来跟我说，她要和班上的一个小男孩结婚。我很淡定，因为这是孩子的婚姻敏感期。相信很多宝宝都跟妈妈说过这样的话，有些妈妈可能很认真地说："你太小了，等长大再说吧。”还有些妈妈可能说：“胡说什么呢？这么小就想着结婚了。”孩子看到了你和爱人的幸福模样，所以期望自己也拥有这样的关系。这是他们对婚姻做出的最直接的心理建构，一切都是美好的，完全无伤大雅，父母们不必过于担心。这个时候我会说：“好呀！你打算怎么跟他结婚呢？需要我做什么？”我们在宝贝提出任何关系层面的需求时，都请积极配合和尊重他们。这是在帮他们建立最初的对人际关系的认知，这会影响他们今后的所有指向外部的人际关系。

其实做法很简单，不妨试试。**第一，给孩子尽可能提供多的与小朋友在一起的机会；第二，对于孩子在关系上的任何决定**（全都是暂时的，有些暂时很短，只有几周；有些稍长，持续几个月；但都会过去）**给予认可和指引；第三，处理好亲子关系、同伴关系和师生关系中的冲突**。简单地说，**亲子冲突的处理原则是：妈妈做好妈妈该做的事，爸爸做好爸爸该做的事，各司其职（至于妈妈做什么，爸爸做什么，本书都有讲，请各位亲记清楚哦）**。**同伴冲突的处理原则是：让孩子学会自己去处理。师生冲突的处理原则是：你要理性保护孩子。**

人这一辈子，喜怒哀乐都是因为关系。在我们没有强大的自我时，谁都可能中伤我们；当我们的内心越来越强大，自我认识和自我评价越来越清晰的时候，很多人的评价就会被过滤掉了，只会被亲密的人或者亲爱的人伤害。在我看来，这些伤害要么成为自我升华的良药，要么成为自我毁灭的毒药。我们常常跟孩子讲道理，害怕他们重蹈覆辙，但最后发现该他们经历的事件都躲不过。与其这样，不如帮助孩子们建构一个好的心理素质，引导他们学会处理关系中的矛盾和冲突，也要学会看着他们在关系中煎熬和成长，这是每位父母的必修课！

孩子打人怎么办？

“不许打人，说了多少次了，再打人，我就不要你了！”

“打人事件”几乎发生在所有10个月以上宝宝的身上。这绝非特例，别觉得你的孩子怎么那么喜欢打人，是不是有问题。打的动作就跟孩子喜欢抠、喜欢捏、喜欢扔、喜欢抓是一样的，是婴幼儿发展到一定时期必然会出现的行为，代表着他们智力的飞跃，即手部精细动作的发展，同时也表征了他们心理的需求。

其实孩子的心理需求和生理需求一样，都是有信号的。宝贝饿了、拉了、病了、冷了、热了，在他们不会说话前会用哭告诉你。你就会赶紧喂饭、喂水、添衣、吃药。同样，孩子的所有心理需求也是通过动作向你表达的，哭只是其中的一个动作！所有的肢体语言，都是在表达他的心理需求：是舒服了，还是难过了；是高兴了，还是愤怒了。就好像“打人”这个动作，它也在告诉你一些重要的信息一样。

通常宝贝出现这些行为的时候，背后都是有原因的。

第一，表示孩子手部发展的敏感期到了，你需要给他的手部提供更多的运动。譬如抓、握、扔、抠、捏、拍、敲各种材质和形状的东西，软的，硬的，方的，圆的，有孔的，实心的。这些东西当然不仅限于玩具、家具，家里的各种东西，包括垃圾桶、菜叶、书籍、乐器，凡是能让孩子用手去探索的，您都可以拿来用。不要怕脏，也不要怕他破坏，因为孩子对自己身体的所有认识都是在破坏中建构的。如果是特别贵重的物品可以置之高阁，等到他们 3 岁后再拿出来玩。

两岁以前的打人行为，因为孩子不会说话，或者不能表达完整的意思，“动手”是他可以采用的最快方法，告诉妈妈“宝宝高兴呀，生气呀，着急呀，你不理解我呀”。所以打人其实是在表达一种情绪。会说话了还打人，那就属于问题应对方式的范畴了。我们的家长没有教会孩子用其他方式处理遇到的问题，所以他们只能用打人或者发脾气的方式让父母满足他的需求或解决眼前的困难。

还有一种可能的原因就是，宝贝通过打人的行为引起父母的关注。身在职场，父母每天都忙忙碌碌，照看孩子的时间很少。其实除了陪伴的时间，陪伴孩子更要看陪伴的质量。几分钟的高质量互动和全身心投入可能比几个小时的“目中无他”、各自“玩耍”更能让孩子感到亲密的依恋和内心的安全。如果宝宝确定无论他做什么，你都有关注到，那他就不会刻意用极端的方式来表达对你关注的需要了。我在做小学生心理咨询的时候发现，那些调皮捣蛋的孩子绝大多数都没有跟父母建立起良好的安全依恋关系。通过破坏行为，让父母跟自己多说两句话，甚至有时候还能哄着自己，一起出去吃个饭。

最糟糕的情况是孩子打人成了一种习惯。最初孩子有拍打动作的时候，常常是拍打抚养人的脸。那时候宝贝只是觉得好玩，因为他一拍，奶奶或姥姥就会笑或者做其他的表情。要知道，任何突然变换的表情都会让宝贝高兴半天。为了逗孩子乐，老人不仅牺牲了脸，还得学会变脸。对于老人来说，常常觉得没关系，甚至想：看我大孙子、大外孙多厉害！实际上，无意中给孩子养成了一个不好的习惯。

还有一个原因，就是电视暴力，跟光头强和灰太狼学的。很多小孩在 1 岁前就开始接触电视，2 岁的时候平均每天要看 1~2 个小时的电视，3 岁以后那就更不限制了。我们小区有个男孩子，跟开心一样大。他还有个哥哥，比他大 5 岁。哥哥天天在家打游戏、看电视（在我印象中，他们家的电视就没有关过），他就跟着哥哥看电视、玩手机，脾气可大呢！有一次，他因为跟开心都想玩挖土的铲子，对开心大打出手，开心哭得可伤心了！我跟他妈妈建议，不能总让孩子看电视，他妈妈说："我们都没时间管他，又没有老人帮忙带，不看电视怎么办？"可我也发现，即使他妈妈没事，也不会带着孩子玩，她宁愿坐那儿愣神。所以，一旦孩子出来玩，你就会发现，妈妈总是在喊："再打人我打死你！"最后，再也没有小朋友愿意跟他玩了！

解决"打人"其实不是什么难事，弄清其中的原因巧妙处理，问题都会迎刃而解的。

我的孩子开心和可乐都有打人的时候。记得当时开心打人的时候，我抓住她的小手，顺嘴念起“大拇指，是这个……”做手部游戏，让开心的注意力瞬间就实现了转移。在她的意识里，这不是打人，也不是多么糟糕的行为，这就是一个游戏，不去刻意对孩子强调这种行为。你越强调的，孩子也会越强调，只是父母和孩子用了完全相反的方式强调而已。这就是我们后面要说到的“叛逆期”问题。做手部游戏，或者拉着他的手唱首歌，跳个舞，还可以拉着他的手轻拍在宝贝身上，这都是可以帮助宝宝顺利过渡的好方法。当然，这要排除宝贝安全感不足、关注不够的原因哦！可乐最近出现“打人”现象，我跟他姥姥说，他拍您脸的时候，要抓住他的手，给他手里一个东西，让他敲击地面、桌子或任何他想敲打的地方。我和他姥姥都经常变化脸部表情逗可乐，你听到他的笑声，心都会被融化的，但从来不在他拍打我们脸的时候做各种表情。

说到电视的影响，心理学有个特别著名的实验。两组被试，年龄在3—6岁：一组被试观看的电视里有暴力、攻击的场面；另一组被试则看的是一个温馨的小故事。看完后，让两组人来到一个房间。房间里有很多不倒翁、气棒之类的东西，还有倒在地上的玩偶。看暴力电视那组的小朋友，在这个房间做得更多的是用气棒敲打不倒翁或用力推搡不倒翁；而另外一组则会把倒在地上的玩偶扶起来。这说明，孩子们看暴力的电视就可以习得暴力的行为。在我国，有关电视暴力的系统调查还不多见。

著名的心理学家班杜拉提出一个重要的观点，人们可以通过观察他人的行为及行为的后果而间接地产生学习，即观察学习。6岁前的孩子都是通过观察和模仿学习的。心理学家玛格丽特·托马斯跟踪研究发现，长期观看暴力电视，使一些孩子对攻击和暴力行为的容忍度更强，唤醒水平更低，也就是说这些孩子会情绪冷漠、缺乏同情心，也降低了对他人的信任感。暴力电视的危害猛于虎呀!

我们都知道，电视会损害孩子的眼睛，其实这只是小事，更严重的是会破坏孩子的专注力，还会影响孩子的问题应对方式。研究表明，未成年人如果每天看暴力电视的时间超过30分钟，其成年后的暴力倾向将会高出一倍。所以我建议,3岁前的孩子最好不看电视，3岁后看电视每天不要多于20分钟，且分成两次看。最好不要每天都看，雾霾天的时候看看，大风天的时候看看，其他时候还是带孩子多出去感受大自然吧！尤其有太阳的时候，一定带着孩子出门晒太晒阳哦！电视的内容要做精细的选择，BBC和国外的一些优秀卡通片都可以作为首选。

如果3岁后，孩子打人成了常见动作，爸爸妈妈就要高度重视了。第一，看看是不是自己忽略了孩子，对他平时提到的需求不够敏感。如果是这样，多花一些时间陪孩子，真正用心了解孩子的需要，知道他们会因为什么发脾气。我觉得这对于任何一个妈妈来说都不是难事，孩子为什么有情绪，你一定可以猜到，而且八九不离十。第二，教会孩子表达情绪的其他方法。比如，“宝贝，我知道你现在可能很生气，你可以告诉妈妈你想做什么吗？”或者说“宝贝，如果你真的很难过又不想现在说，那我建议你去那个房间待一会儿，等你不想哭的时候或不想打的时候，再出来告诉我你怎么了，好吗？”还可以说：“你打其他小朋友或者打我的时候，我会很难过，我也很愤怒，我如果也打你，你会怎么想？”第三，不要孩子打人你就刻意躲着人，要让他跟更多的小朋友一起玩儿，游戏会让他的注意力有更好的寄托。但在这之前，要跟孩子商量好，如果打小朋友就不再玩了，要回家面壁思过；如果没有打人，那会有个大大的拥抱和奖励。要以鼓励为主哦！

不要头疼，孩子打人的阶段很快就能过去！放松心态，是最好的教养方法！

自控力是孩子成功的关键

自我控制是心理学界特别热衷研究的一个主题，从20世纪50年代开始直到现在，很多心理学家乐此不疲。为什么呢？因为这种能力太重要了！而这种能力最早出现在宝宝12—18个月。

学术界给自我控制下的定义是：个体抑制一个优势反应而执行一个劣势反应的能力，是遵从、延迟或缺乏外在监督时个体按照社会期望行为的能力。用最通俗的语言解释就是：能听话。宝宝长到两岁左右的时候，父母最常说的一个问题就是，孩子不听话。

研究表明，高自我控制的儿童，其入学后的语文成绩和数学成绩会更高，会有更多亲社会行为，较少问题行为，情绪稳定，有更高的自尊，成年后会获得更高的成就，体验到更多的主观幸福感。

一位美国的研究者，选取世界5000位成功人士做了人格特质的研究，发现共同的一点都是他们具有高自我控制能力。其实，这种能力在儿童三四岁的时候就基本形成了，根据三四岁时的自我控制水平就可以预测其后15~20年的自我控制水平。这就是说，宝贝上大学之前的学习成绩、行为习惯、情商发展、人际交往的状态都可以在其三四岁的时候就能看出来了。研究还表明，注意力的发展是自控力发展的基础，所以通常高自控的孩子其专注力也是很好的。

自控力虽然有遗传的因素，但基因的作用还是比不过后天的教养。所以，请爸爸妈妈一定高度重视这件事情，从小就注意培养孩子的自控能力。我遇到过各种各样的情形，那么到底该如何培养孩子的自控力?

有的妈妈告诉我，她儿子3岁，说要干什么，立刻就得满足，一分钟都耽误不得，否则就开始大哭。哭得脖子上的青筋暴起，都快背过气去了，怎么办?

有的妈妈说，我女儿两岁半，控制情绪的能力很差，因为一点点小事就哭，而且一哭还哭好久，有时候哄半天都没有用，越讲道理哭得越凶，怎么办?

还有的妈妈说，我儿子5岁，总喜欢在玩的时候横冲直撞，有时候还踢小朋友，动手打小朋友，每次都很严厉地制止他，可第二次还是如此，后来他一到，其他家长都自动带着自己的孩子走了。怎么办?

有的妈妈说，我女儿7岁，脾气很大。总爱发火，什么都商量不了，只要她说了，我们就得听，怎么办?（这个问题我问了一句话，妈妈就哭了。“是因为你没有得到过爱，所以总觉得爱她不够，还是你是单亲妈妈，生怕孩子受委屈了？”）

这些问题都属于孩子缺乏自我控制能力。

我亲眼看到过一个男孩，现在9岁，没有上学。因为哪个学校都不愿意收他，到哪个学校都是让老师头痛欲裂的学生。为什么？

父母没有原则的爱，没有规则的自由，是让孩子低自我控制的原因；父母没有原则的严厉，没有理由的训斥，也是让孩子低自我控制的原因。

在这个孩子的家里，天天都可以听到妈妈在骂儿子，天天都能听到她儿子在哭。爸爸每天都穿一样的衣服，又脏又臭，还经常喝酒。爸爸和妈妈即使在情绪很好的时候，跟孩子说话也像是在教训他。我亲眼看到孩子随意开着他爸爸的电动三轮车，因为控制不住撞到了幼儿园门口前接孩子放学的一辆小轿车上。他爸爸上去就打，儿子撒腿就跑。事后他爸爸跟车主说："我没钱，我只能慢慢给你凑！"一副无所畏惧的样子！妈妈则扯着嗓子开始骂："小兔崽子，你看我不打死你，你跑，你再跑，看老子不打死你！"这样做父母，还期望孩子能有什么好的表现？

我博士论文写作的主题就是自我控制，低自我控制的孩子会有更多问题行为，甚至犯罪行为。大家在电视上经常看到，年纪轻轻，一冲动就给人家一刀，脑袋一热就把人给杀了，这些人都是因为不能控制自己的冲动，完全没有自控力。回头去看看他们的生长环境，你一定会发现他们都有同样糟糕的父母，不懂孩子、不会爱孩子的父母。

刚才说的那个男孩，你们知道后来什么事情发生在他身上了吗？得了白血病！妈妈哭着说："我倾家荡产也救不了你了，你就是来向我讨债的，你还让我活不活了！”全小区的人都可以听见她经常哭泣的声音。偶尔看到小男孩戴着口罩，妈妈陪在跟前，一脸沮丧，儿子无精打采，但时不时仍然可以听到妈妈对儿子的叫骂。唉！

讲了这么多，其实想说，教孩子学会自我控制，是需要爸妈好好琢磨琢磨的。每个孩子都有自己的独特性，在这个问题上，请一定尊重孩子的性格和他的年龄特征，用最大的耐心重新补好这门课！

聪明的父母一定是这样做更有效：

1. 学会控制自己的情绪。动不动对孩子发火，或者对于宝贝同样的行为，你心情好的时候就无所谓，心情差的时候就又打又骂。孩子是通过观察和模仿学习的，他们看大人怎么做而不是通过大人怎么说来习得行为的。所以，请先训练自己面对孩子的任何行为，你都能冷静以对。

2. 在孩子两岁之前，给他们足够的安全感。有安全感的孩子，拥有亲子间的亲密依恋，他们会更听话（前提是，你的要求不是无理的哦）。两岁之后，要给孩子立规矩。让孩子知道什么可以做，什么不能做；什么可以现在做，什么需要延期做；什么需求可以全部满足，什么需求只能部分满足；什么时候做什么事情更好，什么时候不该做什么事情。

3. 立什么规矩，爸爸妈妈提前沟通好，通过游戏的方式教会孩子遵守规则最好。例如：玩玩具的时候，玩完一件收拾一件，收拾完了再去玩另一件。可以跟孩子比赛谁收拾的速度快，让孩子最先收拾完，给他一个大大的赞，一个大大的拥抱；还可以跟孩子玩排队的游戏，和孩子各拿几个小玩偶，排队上车去旅游。等孩子再大一点，可以玩过家家或下棋之类的游戏，可遵守的规则就更多了。你随时都可以制定规则，记得这个规则一定是需要宝贝克制自己冲动的。

4. 训练孩子延迟满足的能力。我记得开心刚开始要喝奶的时候，着急得不行，总催“妈妈，快点”，我总是嘴上说着“来了，来了”，但会先干点别的，再去给她泡奶。请大家记得，虽然是延迟满足，但最后的结果是满足，别给孩子许诺空头支票，这样你的规则永远建立不起来。我们可以通过延迟满足来提高孩子自我控制的能力。举例说，你跟孩子去超市，他想要这个、想要那个，你说“宝贝，这次不买这个，因为家里有了。等你吃完了，下次再来买。”如果宝贝说“好吧”，那就说明宝贝具有延迟满足的能力，那他的自控能力也是很好的！开心 3 岁以后，偶尔看电视，遇到喜欢的电视节目，实在想多看一会儿。我会说：“开心，如果你愿意遵守每次看 20 分钟的电视，那你每天都可以看；如果你不能遵守，希望多看一会儿，那明天的电视时间就没有了，你会选择什么？”这个时候，她开始都会皱眉噘嘴，甚至有时候还会哭几声（请允许孩子们有情绪），再哀求一下，然后会说：“好吧，妈妈，我试试看能不能做到。”我会说：“我知道你一定能做到，因为你一直都是说话算数的好孩子。”她会很高兴我这么评价她，高兴地说：“好吧，那就明天接着看吧！”

到现在 4 岁 3 个月了，仍然每天看 20 分钟的动画片，闹铃一响，她就拿起遥控器关了电视。

5. 规则需要灵活。譬如晚上你规定给孩子讲两个故事，但最后孩子不依不饶地非要你再讲一个，你是讲还是不讲呢？继续讲是不是就破坏了规则？我觉得这样的要求是可以满足的，但不是全部满足。你可以说："好吧，你喜欢听故事我真的很开心，但是时间确实有点晚了，我只能再给你讲一个短故事了。"这里的规则灵活，是指你要根据孩子年龄的变化（你知道的，年龄越大，要求越多）适度地改变一些规则。但规则不同于原则，譬如你规定"睡觉前不准吃任何东西"，无论他多饿，你都要坚持不给他吃。因为睡前吃东西，确实会对身体造成不好的影响，还会影响情绪，让孩子迟迟不能入睡。这就是不能变更的原则。

如果孩子现在已经 6 岁以上了，自控能力很差，请爸爸妈妈别着急，按照我说的一条一条重新给孩子做心理建构，当然这也需要你付出更多的耐心和陪伴，还可以来得及。如果 12 岁以后，这样的改变会更难，那时可能不听话都是小事了，更多的问题行为会让你永无安宁之日。所以，为了孩子的规则感，花多少精力都是值得的！

男孩女孩要因材施教

一位妈妈和我讲起她儿子的故事，表示快愁死了，而我则笑得不行了。因为她嘴里的男孩儿，简直就是小魔王再生！她的儿子从早上一睁眼到晚上睡觉，总是不停地围着桌子跑，围着人跑，围着房子跑，围着一切能绕圈的事物跑。跑累了说会儿话，说完了继续跑，看得大人都晕了，他还有使不完的力气。他妈妈一天要崩溃好几次，说得最多的一句话就是："你休息会儿吧，求你了！""罗老师，这个孩子是不是太好动了，是不是有多动症呀？"

通常，男孩确实比女孩好动。近 30 年来，一门全新的科学——性别科学正在崭露头角，对性别如何影响男孩女孩的问题，包括美国、英国、加拿大、德国等 35 个发达国家研究的结果显示，男孩与女孩的大脑之间差别至少有 100 多处。主要的差别在于：

1. 男孩血液中的多巴胺含量较高，流经小脑的血量更多

多巴胺可增加冲动和冒险行为的概率。小脑是控制行为和身体行动的，流经小脑的血流量多，小脑就比较活跃，所以男孩就爱动。

这些因素是导致男孩在静坐和久坐的过程中学习能力总体上不如女孩，而更有可能从肢体运动中学习知识。

2. 男孩的胼胝体（连接大脑两个半球的纤维素束）与女孩的体积不同

女孩的胼胝体体积较大，能容许两个大脑半球间进行更多的交叉信息处理，所以可以同时同质量地完成多项任务。而男孩一次只能做一件事。比如，男孩在玩的时候或者做别的事情的时候，老师、家长叫他，他就像没有长耳朵似的，为此遭到老师和家长的训斥，实际的情况是他确实没有听到。

3. 男孩和女孩颞叶中的神经连接不同

女孩在颞叶中拥有更强大的神经连接，促进了更多复杂的感知记忆的存储以及听力能力，所以女孩对声音的语调特别敏感。而男孩则较少听到回响在耳畔的声音，特别是当声音以语言的形式出现时，所以用听课的方法进行学习的时候，男孩就没有女孩的效果好。男孩需要更多的触觉型体验，以便激发大脑学习的积极性，比如动手又动脑的学习方式就比较适合男孩子。

4. 男孩与女孩大脑中海马（大脑中的一个记忆存储区）的工作方式也不同

男孩需要更多的时间才能记住课堂上讲的内容，特别是写出来的文字内容，所以背课文对他来说是件困难的事。但是，因为男孩的海马更偏爱序列，在记忆大量序列和层次分类的信息时就非常成功！

5. 男孩的额叶没有女孩活跃，也没有女孩发育得早

男孩的大脑更比女孩脆弱得多，大脑额叶也比女孩发展缓慢，所以他们的自制力较弱，对正面或者负面的事件反应更激烈，容易做出冲动的决定。这种冲动，会使男孩在进行户外独立学习时效果更好。而我们是让很多孩子在一个狭小的教室里固定在座位上学习，那么男孩的学习效果就要大打折扣了。

6. 女孩大脑中主要的语言中心，发育得更早更发达

女孩还拥有更多的雌激素和后叶催产素（这些化学物质直接影响语言的使用），男孩则具有更多的睾丸激素（一种与攻击性行为密切相关的激素）与后叶加压素（与地盘性和等级制度相关）。由于血液中的后叶催产素含量较少，大脑对语言的重视度不高，导致男孩在静坐或谈话时的学习效果不佳，这种学习方式自然也无法引起他们的兴趣（他们脑中的学习键，常常通过行为反应、等级竞争和攻击性培养起来的）。

7. 男孩的大脑处理血流的总量较女孩少 15%

这种结构不利于同时进行多项任务的学习，因此男孩在长时间专注于单一任务时成绩很好，此时深度学习在发挥作用；如果非常频繁地变换任务，他们的表现就不佳。大脑同时完成多项任务，其对过度刺激的主要反应是挫折感，因此，男孩在课堂上容易发生更多的违反纪律问题。

8. 男孩主要的荷尔蒙是睾丸激素

男孩的攻击性行为、空间机械和肌肉运动知觉的身体体验强烈，都是睾丸激素捣的鬼。睾丸激素还可以提高男孩空间运动知觉的发育和右侧大脑中心的应用。女孩也有睾丸激素，但男孩拥有的睾丸激素水平比女孩高20倍。男孩一出生睾丸激素就开始分泌，在初中和高中期间达到很高的水平。处于青春期的男孩每天通过大脑接受5—7次该种激素的刺激，在这个时期的男孩子，应该多进行体育锻炼，让男孩有机会发泄掉由于荷尔蒙激素带来的烦躁感。

哈佛医学院教授约翰·J. 莱特伊说："体育锻炼本身不能使你更聪明，但它能使你的大脑处于最有利于学习的状态。"

从人类历史的遗传来看，男性主要从事狩猎活动，因而他们需要培养出一种更具空间运动知觉能力的大脑。他们需要良好的视觉，但又不需要像负责生儿育女的女性那样具有特别精细敏感的感知能力。男孩的大脑是极其兴奋的，与女孩大脑相比，血液更多地流过脑干，因此更适合身体运动，但不适合语言的导入与输出。男孩好动，是有生物基因基础的，不是他们故意捣乱，而是他们通过这样的动作在平衡身心发展的阴阳。

如果你们家的小男宝不爱动，您倒是需要多加注意喽！看看孩子的身体发育状况，是不是早产？有没有家族遗传疾病？生产的时候大脑有没有受到伤害（例如缺氧，用过产钳等）？妈妈怀孕期间有没有抽烟喝酒或有产前抑郁症？出生后有没有非常严重的营养不良？有没有受过大的身体上的伤害？（有研究表明，如果男宝小时候身体受到过几次较严重的伤害，将会影响今后男宝的性功能。）这些因素都会改变宝宝神经递质和激素的分泌。

对于好动的男宝，我们要做的是给他创造活动的内容和环境。这个工作最好由爸爸来做。本来男性也喜欢玩，有力量也有速度，尽管带着儿子疯就好！夏天天黑得晚，爸爸下班后就可以带着孩子各种跑、跳、踢球、扔东西、挖土、上树，带着孩子跟大自然多多亲密接触。

2010 年夏，我代表中科院心理所参加在澳大利亚墨尔本举行的第 29 届国际应用心理学大会，当时墨尔本正值秋冬季节。有一天傍晚我在海边看到一位爸爸带着两个男孩，光着身子在沙滩上追鸟、玩水。我穿着毛衣、裹着风衣还觉得冷风入骨，两个孩子和爸爸的欢声笑语久久回荡在沙滩上，让我至今记忆深刻。你不用费尽心思去想跟孩子玩什么，他们会找到非常多的可以玩的花样。

运动是最好的释放能量的方法，但运动要讲究科学。孩子一直绕圈跑可以跑很久，如果变换跑的方式，譬如折返跑、拿着东西跑、跑到一个地方做抛物动作或连续跳跃动作，这样就会更快地消耗能量，还可以提高身体的控制能力，促进孩子智力的发展。

婴幼儿所有的心理和智力的发展，都是依托于运动和身体能力的发展。身体越灵活可控，他们可以做的事情越多，智力发展的速度就越快。随着经历增多，心理的能量就会不断累积，让他们可以经受住更多的磨炼，最后成为优秀的人。我们做任何事情都是一个耗能的过程，遇到有挑战和拓展的事情，需要消耗的心理能量就更大更多。而这些心理能量就是从一点一点累积起来的，通过运动和游戏的方式，将需要释放的身体能量转化成可以储存的心理能量，多棒的事情！作为成年人，我们也有这样的感觉吧！痛痛快快打一场球，满身大汗，虽然累得不想走，但内心却很快乐，这种快乐就是我们的心理能量！

再多说一句，对于好动的孩子，以后的学习也可以让他在运动中进行，不要要求他跟其他孩子一样必须在静止和安静的环境下学习，因材施教才是最好的教育！

孩子说话晚，妈妈别着急

老人在一起带孩子的时候特别喜欢比较，你家宝贝会干什么了，我家宝贝会干什么了？前两天，我妈回来跟我说，我们小区比可乐大一天的一个宝贝，都会叫“爸爸妈妈”了，可乐只有在着急的时候才会叫“妈妈、妈妈”。

对于孩子什么时候说话，能说多少字，是父母特别关心的问题。总有妈妈跟我说：“我们家宝都2岁了，就只能叫个爸爸妈妈，其他都不会说，是不是有问题呀？”2岁不会说话，通常妈妈都很着急，其中男孩子居多！

我还见过一个孩子7岁了还不开口说话。排除生理上的问题，教养过程中无沟通、无回应、无关注，会让这个孩子习惯不表达。时间长了，孩子就不会表达了！这种情况称为“习得无语”。

大脑中的语言中枢有三处，分别位于左半球额叶的布洛卡区、颞上回的威尔尼克区和顶—枕叶的角回区，具备四种功能：

1. 运动性语言中枢（说话中枢），又称布洛卡区

能分析综合与语言有关肌肉性刺激。此处受损，病人与发音有关的肌肉虽未瘫痪，却丧失了说话的能力，临床上称“运动性失语症”。

2. 听觉性语言中枢

能调整自己的语言和听取、理解别人的语言，此处受损，人虽然能讲话，但混乱而割裂；能听到别人讲话，但不能理解讲话的意思（听觉上的失认），对别人的问话常常所答非所问，临床上称为“感觉性失语症”。

3. 视运动性语言中枢（书写中枢）

位于额中回的后部，此处受损，虽然其他的运动功能仍然保存，但写字、绘画等精细运动会发生障碍，临床上称为“失写症”。

4. 视觉性语言中枢（阅读中枢）

此中枢受损时，虽然看得见，但角回受损使得视觉意象与听觉意象失去联系（大脑长期记忆的信息编码以听觉形式为主），导致原来识字的人变为不能阅读，失去对文字符号的理解，称为“失读症”，也是我们通常说的阅读障碍。

通常情况下，如果大脑没有受到剧烈的晃动、挤压、敲击或是疾病，譬如脑瘫、脑积水、脑瘤，也就是说语言的生理机制没有病变或被破坏，宝贝都能说话。为什么有些孩子说得早，有些孩子说得晚呢？为什么有些孩子说得多，有些孩子说得少呢？仅仅因为个体差异，这都是正常的，请别多想！如果到3岁还不能一次性说出

3 个字的电报式语言，我们可以判断是“语言发展迟滞”。这个时候需要带孩子去医院看看，如果确定不是脑袋、嘴巴、舌头和舌系带的问题，那就是家庭教养方式的问题。

其实心理学上一直对孩子是如何学习语言的这一问题进行研究，但迄今都没有解释明白，因为人真的是太复杂了，好多都说不清楚，所以人才具有无限可能性。

我对孩子学习说话这个事情特别感兴趣。大女儿开心 1 岁 4 个月的时候，由爷爷奶奶照顾（这之前是姥姥在照顾）。爷爷奶奶是土生土长的山东人，只会说山东话。她爸爸回到家里，跟爷爷奶奶也说山东话，开心很快就一嘴山东话，一家人中我成了“少数派”。山东话一个最明显的特征是，拼音二声不存在，全部变成四声。譬如“蓝莓”，开心说的是“烂妹”（同音）。我起初认为孩子学说话就是听别人说一遍，自己就模仿着说。但有一次，我带开心去公园，她看见一个长廊（我只有一次在读绘本的时候跟她说过这个词，我说的可是标准的普通话哦），她却说“唱浪”（同音）。2 岁多读《棕色的熊》还说“你在看肾么”。

我仔细想了想，孩子学语言其实不仅学到听到的发音，更多的时候其实已经内化了这种语言的发音体系，自动将他听到的所有声音转化成他能识别和表达的音调。所以宝贝从小有说方言的，在环境有变化的时候，也能顺利地转化成普通话，只是个别发音不准确而已。

研究表明，儿童 1—4 岁是语言的敏感期，这个时候他们可以接受学会任何语言，彼此不打架。原因之一是，大脑负责学习这些语言的皮层是相互区隔的，不会占据已有空间；原因之二，我想他们一定掌握了这种语言背后的语音机制，对声音可以高度识别，自动转存。开心两岁10个月的时候，奶奶和姥姥换班，当时我带着开心去美国，还一路说山东话，惹得同行的朋友总笑。回来只用了1个多月的时间，就一嘴流利的普通话了。3岁多开始学习英语，我发现她很多单词的发音比我们学了这么多年的发音还准。

我一直觉得，孩子说话是件神奇的事情，每个孩子都是天生的语言大师！之所以说不出来，肯定是有原因的，家长们不妨对照一下，找找原因：

1. 大人对孩子发出的声音不敏感，不回应。宝贝3个月左右的时候就开始想说话了，咿咿呀呀的，那个时候我们要跟着他们一起咿咿呀呀，帮助孩子学说话。同时也请用正常方式说话："宝贝，妈妈正在做什么啦，想要做什么啦，我爱你啦！"这些话多说有益，可以尽情说，重复说。同时请饱含热情，面带笑容。10个月左右的时候，宝贝可以注意到你希望他注意的地方或东西时（专业术语叫作"共同注意"），你要说"你是想要……吗？你看到了……吗？你想去……吗？"这样教给宝贝很多新鲜词汇，多重复几次，他就建立了对这个词汇的含义。

突然有一天，你会惊奇地发现，他说了很多你从来没有教过的话。

2. 把孩子交给电视，这也会严重阻碍宝贝语言能力的发展。如果家中老人带孩子，而老人又不爱说话，这需要父母抽空多陪孩子，多跟孩子说话，同时跟老人商量好，不要给孩子看电视（至少3岁前很少看）。带着孩子多在外面跟其他小朋友一起玩，那样宝贝可以听到很多人的语言。

3. 从1岁开始给宝贝讲故事。不用管他有没有听、在干什么，你就只管找个时间（大家心情都不错的时间）、找个地方（安静温暖，不要太大）念故事就好！时不时让他看一眼你手上的绘本图案。儿童的语言学习是内隐式的（很多语言是悄悄学会的），刚开始可能表现不明显，后面就会越来越多地倒出来！而绘本学习是前语言阶段的宝贝学会说话的最好方法。定时，定点，坚持下去。

4. 当孩子开始表达的时候，不要替他说话或总是打断他说话，不要纠正他的语法和发音。鼓励他们自己表达意思，说出完整的话。即使语法不对、发音不对，也不用说“错了，不是这样说的”，只需要说：“你是……这个意思吗？”你说出正确的那句话就是了。很多时候家长着急，孩子刚说两个字等不及他说完就替他说了，久而久之孩子发现他不用说你都知道啥意思，他也就懒得说话了。如果遇到孩子说半天都说不清楚的时候，也别着急，也别批评他说：“这么简单怎么还说不清楚呢？”宝贝进入3岁以后，如果中间一句话没说清楚，他会从头再说一遍，所以会说好几遍。我们只需要耐心和专心地听完，看着孩子的眼睛把他反复说的那句话连起来再说一遍，下回他就会很顺畅地表达出来。

孩子学语言的过程，需要很多语音的刺激。研究表明，宝贝喜欢听爸爸的声音（也许因为男声有磁性），所以爸爸要多跟宝贝交流，给他唱歌、讲故事，为各种动作配音，并辅以突然变化的面部表情，宝贝会乐得咯咯的！有些妈妈说，我不知道该跟宝贝说些什么。开心7个月大，我每天晚上哄她入睡的时候。就给她讲故事，接着再编故事，编完故事就开始讲我工作中的事情（只是把工作中的人物都换成了动物，事件稍作修改）。后来讲完绘本故事，开心要我讲一个真实的故事。我就把我小时候、她姥姥小时候和其他我知道的真实故事都拿出来讲，她每次听了都很开心呢。

我们每个人都是有故事的，不妨都讲给宝贝听听。如果回忆往事感到伤心、高兴、愤怒、沮丧，你大可都表现出来，宝贝一定是很好的心理咨询师！

内向的好处

内向是一种人格特质。心理学上人格有两个组成部分：一种是天生的，受遗传因素较大，我们称之为“气质”；另一种是后天养成的，受教育影响较大，我们称之为“性格”。内向更像是一种气质，就像林黛玉一样，生来就是这样的。气质无好坏之分，只是现在的人更喜欢能造气氛的人，所以内向的人就不那么招人喜欢，连带着内向的孩子也被认为是有问题的。今天我们就说说，内向到底有哪些好处！

2012 年有一本畅销书，被翻译成 36 国语言，书名是 *Quiet: The Power of Introverts in a World that Can't Stop Talking*（《安静：内向性格的竞争力》）。这本书一定会颠覆你对内向的看法。我相信此刻读我这本书的父母们，也有很多内向性格的人。很小的时候也被贴着一个大大的标签，你就是个胆小害羞、不招人喜欢的小孩。长大了也许总能听到老师、长辈、领导或同事说：“你要是再开朗一些，再外向一些，那就更好了！”你是不是有一天突然觉得：“我就是我，我没必要在乎别人怎么看我，我一样能活出我的精彩。”但可能很多人心里都过不去这个坎，一辈子都活得很纠结。如果是这样，就别再让孩子重蹈覆辙了，让他做自己比什么都重要。

研究表明，一个人内向还是外向的主要区别在于如何对外界刺激作出回应。内向的人其实对外界更敏感，所以在相对安静的环境里更舒服，而外向的人恰恰是对外界太不敏感，所以才需要更多刺激才能满足。我们知道的很多牛人，例如比尔·盖茨、巴菲特、达尔文、甘地、牛顿、诺贝尔、居里夫人、爱因斯坦、肖邦、李安等都是典型的内向性格，他们都取得了前所未有的成就。很多研究发现，内向的孩子其实有更为丰富的内心世界，自我系统的加工更多，内部对话更多，更热爱学习，能独处。绝大多数内向的孩子都非常遵守规则，自我克制。内向一点都不糟糕，他们不是羞于与外界沟通，只是他们需要更多的内部对话而已。随着孩子年龄的增长，一定会经历一个阶段，就是非常在乎别人对自己的看法，害怕遭到拒绝的阶段。内向的孩子如果不能从内心深处肯定自己，接纳自己，在这个阶段他会非常痛苦，必然影响学习、身体健康和心理健康。我见过很多内向的孩子，尤其是女生，在进入青春期后就患上抑郁症，绝大多数都是不能接纳自己内向性格的。

要让孩子接纳自己，父母要先接纳你的孩子，这是前提和基础。如果孩子有社交恐惧，不要说这是因为家长太内向导致的，这个时候，孩子最需要的就是你跟他一起去讨论，找到方法，鼓励他学会用舒服的方式表达自己的需要，而不是让他按照其他小朋友那样去做。父母不要总想着改变孩子，而是帮助他学会管理自己的不足。（外向性格的宝宝家长一样发愁，孩子太兴奋，人来疯，怎么办？）智慧的父母不是让孩子成为别人家的孩子，而是用更多的勇气和智慧去保护孩子独有的特质，让他成为自己，成为一个独一无二的人。

人是社会动物，所以交流和沟通是必不可少的，尤其是现在这个社会，很多人都在推崇积极沟通才能成功。在我看来，内向的人并不是不会沟通，也不是不能沟通，更多时候他们完成了内在的自我对话和自我沟通，能量已经耗尽，所以无须对外沟通。但这并不等于社交焦虑。心理学上的社交焦虑是指个体参与社会交往时感到焦虑、紧张，同时伴有较高的生理唤醒水平，就是我们通常说的出汗、发抖、口吃、心跳加速的状态。社交焦虑的人是因为过分关注外部评价，害怕犯错误，甚至到了恐惧的地步。而内向的孩子也可以与人交往、沟通，只是显得不那么热情、频次不高而已，他们更享受独处的宁静。

这些年来，追求灵修、内观、参禅、打坐的人越来越多，为什么？简单说，在这个社会想让自己内心安静都不是一件容易的事情了，甚至还得求助外界来帮助自己修复浮躁的内心。其实，每个孩子最初都有与自己和谐相处的能力，他们喜欢自己，喜欢自己一个人玩玩具，一个人画画。是我们家长希望他们能说会道，我们希望他们善于表现，所以破坏了孩子本身自我安宁的能力，当他们做不到的时候，回过头又去批评他们。作为父母，我们真的需要先安静下来，跟孩子学习学习！

有妈妈问，孩子太内向，会不会说话很晚？有一个有趣的研究，以口才谋生的人，比如主持人、相声演员、演说家等，内向性格人的比例反而很高。大家熟知的憨豆先生，是牛津大学的教授，就是一个极其内向的人。内向的人绝大多数与人的交流和沟通，会更有深度和内容，而不是泛泛而谈或热闹一下就够了。

有妈妈问，内向的孩子是不是不快乐？不，只是他的快乐你不能理解而已，但这并不代表他一定不快乐！

有妈妈问，内向的孩子是不是感情很冷漠？不，他只是不想表达而已，不代表他的内心荒如沙漠！

有妈妈问，内向的孩子是不是不爱与外界接触？不，他们只是不喜欢热闹的社交场合，但有更多新鲜事物都能吸引他们！

妈妈们，内向的孩子跟外向的孩子是一样的，他们同样可以成为影响历史发展的重要人物，带给这个世界不一样的精彩。只要我们不再戴着有色眼镜去看他们，不再把各种不惹人喜欢的标签贴给他们，不再总是让他们成为不可能成为的人，相信他们一定会给我们带来不可思议的惊喜！

如果您有一个内向的孩子，他不会见人就打招呼，请别发火，也别教训他，您打个招呼就好，让他认识这个人。也许这个人需要帮助的时候，是您的孩子第一个冲上去！

如果您有一个内向的孩子，他不愿意在众人面前表演，请别推他，带着他去欣赏各种表演，让他找到内心最向往的田野！

如果您有一个内向的孩子，他不愿意跟其他小朋友一起玩，不愿意唱歌跳舞，不愿意跟您说话，不愿意做您想让他做的一切事情的时候，请您安静地陪在他身边，闭上嘴巴，温柔地看着他。等等，再等等，他会找到让自己舒服的方式与您、与他、与这个世界交流和沟通。注定是在冬天才绽放的腊梅，就不要催着他在夏季开放！

请各位爸爸妈妈放平心态，无条件地接纳孩子独一无二的本性，让他做自己，让他活出自己的精彩！

爱撒谎的孩子更聪明

加拿大多伦多大学的儿童心理研究中心做过很多有趣的说谎实验。他们找来几十个2—4岁的孩子做游戏，要求他们不要偷看房间里面的玩具。但当研究者离开房间后，毫无疑问，几乎所有的孩子都偷看了。可是当研究者问他们有没有看时，大部分孩子都说谎了。2—3岁的孩子，承认偷看的比例超过50%，但随着年龄变大，说谎的比例越来越高，到4岁的孩子里面，几乎所有人都说谎。研究者称，两岁的孩子就开始说谎话了，而且具有普遍性，但这并不是坏事。因为研究者继续做了一些实验，评估了这些孩子的逻辑思维能力、语言发展、执行能力，结果发现，说谎和较强的逻辑、语言、执行能力高度正相关，即使把年龄因素扣除，也是认知能力比较强的孩子容易说谎。简单地说，就是聪明的孩子才会撒谎。因为孩子说谎与否，与他是不是个诚实的人无关，只是与他大脑发育程度有关。

你知道吗？宝宝从一出生，就有一种本能——取悦他面前比较权威的那个人。1岁左右还不能意识到自己的行为后果，等两岁以后，孩子可以自己“把饭弄得到处都是”和“妈妈不高兴”联系起来，为了避免挨训，他会说“这不是我弄的”。这其实标志着孩子大脑进一步成熟，可以用语言来掩盖行为。科学家发现，越是那些大脑认知能力强的孩子，讲出来的谎话越可信；讲出来的谎话越可信的孩子，长大以后思维会越灵敏，也越懂得思考。但是幼时说谎与长大后的欺骗行为绝无关联。心理学家发现，6岁的孩子只有18%的人能区分真实和想象，而9岁的孩子中有90%的能理解故事是编的还是真实的，11—12岁时开始从新的角度理解诚实的问题。所以当他们不能分辨幻想和现实的时候，他们所有的想象和夸张的表述只是简单的一组神经电活动而已，不代表任何意义。

开心有段时间晚上总爱哭，我睡觉前就跟她说：“我真的不喜欢你晚上总是哭，这样不但影响你的睡眠质量，还会把可乐吵醒。”后来我发现，如果晚上哭了，她会告诉我：“妈妈，我不是故意要哭的，我是做了一个噩梦，我梦见您不在了！”有时候她编的故事就更离奇了，譬如有个妖怪在她身上；她变成了一个精灵，可以看到很多可怕的东西！其实孩子4岁前的说谎，很多时候可能就是把自己听过的故事、看到的事物经过想象说出来而已，带有明显的幻想痕迹。通常这个时候，我都会配合开心的故事跟她一起想象。我相信大多数家长会把这些话当作想象而不是撒谎。

有一次开心吃薯片，我说：“我们吃5片吧！”开心说：“好的。”等我回头看的时候，已经大半包薯片没有了，显然她吃了不止5片。

我问:“你吃了几片?”开心说:“这就第5片了。”我知道她说谎了,但我问了一句:“你说的一片是这么大的,还是这么大的?”我拿出一片整个的和一片半个的。开心指着整个的说:“这个才是一片呢!那个半片的不算。”这下我明白了,因为半片的不算,所以吃了很多!但整片的可能确实只吃了5片。这个只能怪我没有提前做好定义。如果遇到这样的说谎,爸妈们也大可不必小题大做,以后跟孩子说清楚就是了。因为这种行为跟“诚实”无关。

还有些时候,孩子真的是忘了,那个小脑袋毕竟还没有发育得那么好!那就陪着孩子一起回忆,一起再重新做一次。

我们可能会遇到孩子从别的小朋友家里偷偷拿了玩具带回家,等你发现时他却告诉你,是这个玩具自己长脚跑过来的。怎么办?我觉得可以这么跟孩子说:“我真的没有看到它长脚跑过来。如果是你拿的,我们一起还回去,跟你的好朋友解释一下,你真的很喜欢这个玩具可又害怕他不给你玩,所以才悄悄拿回来,希望他能原谅你。下次遇到这样的事情,我希望你一定要告诉别人,征得同意才能拿走。如果是因为害怕我生气,你说它是长脚跑过来的,我只想告诉你,妈妈不喜欢你这么做,也希望你不要再这么做。但我还是爱你,而且觉得你说的话很有创意!我们一起带它回家如何?”对于这样的行为,很多爸妈会担心,小小年纪现在就会“偷东西”,以后还了得。其实孩子们并不知道什么是偷。在宝宝成长的很长一段时间,从开始出现自我意识到4岁前,都是个体的“自我中心”时期,他们理所当然地认为所有的东西都是我的。当孩子具有分享的概念以后，我们就要开始帮助孩子区分什么是我的，什么不是我的。

所以，不管父母怎么做，孩子总是要说谎的。小时候的这种说谎是孩子成长的一部分，是他们大脑发育到一定阶段所必须经历的认知过程，爸妈不必过度紧张。这时候义正词严地批评孩子、责骂孩子、训斥孩子一点作用都没有，反而会破坏孩子与你之间的信任和沟通。我们做父母的还经常对孩子撒谎呢！我们多少次答应孩子，要陪他去游乐场，要给他买棉花糖，可往往会因为工作等而爽约！我们难道不是跟孩子说谎吗？也许你会说，我们说的都是善意的谎言呀？但孩子分辨不出善意还是恶意，所以我们以后一定不要对孩子说谎！

除了智力发展导致“说谎”以外，还有一个原因就是父母对于孩子犯的错误总是小题大做：打骂、训斥，甚至侮辱孩子的人格。北京一个小学三年级的小女生，被同学告到老师那里，说她偷了这位同学刚买的一支价格昂贵的钢笔。最后发现确实是她拿了，但她一直说我只是想看看，我没有偷。老师找来她妈妈，她妈妈感到羞愧，当着全体同学的面打了女儿一耳光，还说：“我怎么养出你这个小偷？太丢人了！”女孩哭着跑出去，从教学楼三楼跳了下去。这样的悲剧让人扼腕心碎！这个妈妈以后可怎么活呢？现在很多孩子都是玻璃心，一碰就碎。所以，请爸爸妈妈遇到任何让你发怒、尴尬、羞愧的事情时，先克制自己的情绪，管住自己的嘴巴，捆住自己的手脚，了解前因后果后再发飙（最好不要发得太大）。即使你的孩子一直都有撒谎的习惯，也需要你把每次事情的原因都搞清楚，而不是上来就给孩子判“死刑”。你要从内心深处相信，他们之所以撒谎，是因为我们有时候对他们太苛刻，他们害怕，于是只能用谎话来寻求逃避。

如果他们第一次说谎，我们用放松的心情面对，用温柔的语言了解，用坚定的态度引导，即使今后还会有类似事情发生，也绝对不会成为恶性事件。

每当孩子犯错误后说了实话的时候，请拥抱他而不是更严厉地指责他。请告诉孩子，犯错误并不可怕，承认并勇于改正错误是最让妈妈爸爸高兴的，我们会为你的勇敢和诚实感到骄傲！如果用这种态度对待孩子的说谎，那么我相信这也就只是孩子成长过程中的现象，而不会成为问题存在。很多孩子很大了还满嘴谎话，那一定是小的时候因为说谎得到过很多甜头，心理咨询的专业术语叫作“附带性获益”。父母如果没有重视或者引导偏差，都会导致孩子继续说谎。这个时候已经不是想象和现实不分了，而是把现实虚化了，把想象变成了现实。这样下去发展到病理的状态，就是我们常说的精神分裂症。

其实说谎的问题，还反映了一种教育的现实问题：我们习惯用非黑即白的二元思维给孩子的行为贴标签。作为父母，我们总有一种不切实际的幻想，即希望自己的孩子是完美的！我们这么大了还在幻想呢，所以别动不动就给孩子套上道德的枷锁。再说我们大人都是漏洞百出的，孩子怎么可能是完美无缺的呢？

“己所不欲，勿施于人”，这句话也是教育箴言！

谁破坏了孩子的注意力？

注意力是一种核心的认知能力，也是记忆力、思维能力、语言发展、问题解决、创造力和想象力的基础。在“积木育儿”的微信后台，很多妈妈都提问说孩子注意力不集中，或者注意的时间太短，或者只能对某一件事情保持一段时间的注意力。

孩子在上小学，上课注意力不集中，总被老师批评，放学回家做作业需要三四个小时，总是一会儿干这个，一会儿摸那个，每次做作业说 680 遍都不管用，怎么办?

我们发现，越小的孩子注意力时间越短，新生儿注意力的持续时间是 5~10 秒，3 个月孩子注意力 1~2 分钟，6 个月是 2~3 分钟，1 岁半是 5~8 分钟，2 岁是 10~12 分钟。2~3 岁时最长的时间是十多分钟，6 岁左右能够坚持到 20 分钟左右。所以，我们首先要认识到，孩子能保持的注意力时间就是很短暂。一般孩子 3 岁后，父母开始给孩子选择各种课外班，此时要记得让孩子学习的时间不要一次定得太久，让他们在最能集中注意力的时候去完成难度较大的任务，然后给孩子玩的时间，再给他们布置其他的任务。间隔时间可以随着年龄的增长而变短，但不能让孩子没有休息的时间。对于孩子来说，这种休息的时间很重要，即便是这么短的时间就可以让他们保持学习的热情，还能帮助他们提高学习的效率。

其实，我一直认为，孩子天生都是爱学习的，从抬头、翻身、坐、滚、爬、站、走、跑、跳，到说话、唱歌、扭屁股、涂鸦，都是他们主动学习的结果，只不过是用模仿的方式而已。学会了这些东西，他们会变得更加自由自在，能看到得更多、体验得更多，高兴的事情也更多。只是这些天生存在的学习动机被我们后天粗暴地扼杀了，才导致很多孩子越来越不想上学，不想学习。我们给孩子定目标，不达标就会有各种惩罚手段；我们给孩子奖励，做不好就啥也拿不上。我们还用语言威胁孩子，不学习就不理你了，不要你了，别的小朋友都比你强。这些原本爱学习的小孩发现，学习真辛苦，不学多好！等到他们真的心生厌烦，那可就麻烦了！

我们有时候把学习目标订立得太清晰，要求太严格，尤其是对3岁以前的孩子，这其实是对他们专注在学习上的注意力最大的破坏。我们对自己感兴趣的事情，对自己喜欢的事情，从来都会专心致志，任凭时间流走。只有对自己不喜欢做的事情，才会掰着指头计算时间。一些妈妈让孩子练琴，妈妈说再练5遍就休息，孩子总会讨价还价说，再练3遍行吗？这样，不如就让孩子练3遍，一心一意练3遍，不要想着孩子那不愿意练的2遍，搞得连3遍也练不好。孩子们最终会发现，原来次数不够质量是达不到的，后面他们自己主动添加次数的时候，你要大大赞赏，他们会更愿意练习！

我们再强调一下，3岁以前不给孩子布置非常明确的任务，以自由探索为主。让孩子自己选择游戏，选择感兴趣的东西（这也是自主性培养的好机会），不要你觉得什么好玩，就要求孩子玩什么！拜托，我们和那个小脑袋瓜想得太不一样！你要尊重他们作为独立个体的需要。这就是在培养孩子的注意力而不是搞破坏。3岁以后的孩子，你需要多给他点任务，让他们忙起来。但不要对任务做严格要求，可以不断增大任务难度，引导他们提高任务质量。譬如搭积木，这是锻炼孩子注意力最好的游戏。积木的形状一般都没什么特别，选择材质可以是软的、硬的、磁力的、流沙的，有大积木块、有小积木块，有拼插的、有连接的。我们可以要求孩子从自由搭到看图片搭再到搭建平时见过的大厦、公园之类的图形。

我们的手如果从事活动，大脑就会分配更多的注意力参与手部正在做的事情。只要手不停，注意力就不容易被分散。为什么背书、朗诵的时候容易瞌睡，因为手没动。手部的神经在大脑皮层的投射面积最大，牵一指而动全脑！所以，我们在给孩子选择玩具的时候，一定要选让孩子手部可以充分运动的玩具。这不但锻炼宝宝手部的精细动作，而且促进宝宝注意力发展。不要买昂贵的电动玩具，虽然孩子看上去也很认真地在玩，但最多活动一个手指，而且用到的是宝宝的无意注意，就是不需要付出脑力的注意。只有有意识地注意某物才能真正锻炼他们的专注力。今后学习需要的也绝对是有意的注意。说到玩具，再补充一点，就是不要一次给孩子太多的玩具，一点一点拿给他，减少分心刺激，增加新鲜感。

给孩子的手安排更多的活动，除了搭积木，还可以做一些手操或者手部游戏，例如：一只手握拳搓大腿，一只手伸展摸大腿；一只手打 4 只鸟（一只手大指贴在手掌处，伸直剩下的 4 指，另一只手正好相反，大指竖起，其他 4 指收起）的游戏。还可以做一些跨感觉通道的训练：譬如把不同形状的玩具放在一块布下，让孩子猜；看到某种动物或乐器，模仿他们的声音；描述不同颜色带来的感觉。或者做一些动觉通道整合的游戏，例如：接抛球、踢球、躲闪游戏、口令游戏（我经常和开心玩的口令游戏是嘴手不一致，我嘴上说数字 3，但手指不能出 3。这个游戏可以锻炼孩子的一元抑制注意力，就是对一个分心刺激的抑制）。躲猫猫、玩拼图、找不同，都是很好的训练注意力的游戏，每个孩子都会乐此不疲！

当然，读绘本也是训练孩子注意力集中非常好的方法。等孩子再大一点，就可以做更复杂的游戏，例如用乒乓球拍运球、用浅口杯子装水跑、在短时间内固定地方拍球，还有我们小时候爱玩的贴年糕、木头人等。既能让孩子快乐，又能锻炼注意力。在运动过程中孩子既锻炼了身体素质，又提高了智力水平，多好的事情！周末带着孩子去跟大自然亲近一下，在明媚的阳光和新鲜的空气里做这些有趣的亲子运动，这是真正的学习！

还有一些促进宝宝注意力发展的建议，供爸爸妈妈们参考：

1. 给宝宝一个规律的作息时间。

2. 不打扰孩子正在进行的任何活动（只要安全、卫生）。

3. 不提供更多分心刺激。

4. 培养孩子的自控力。

5. 孩子的作息时间要有张有弛，不能太紧张，也不能太自由。

6. 有意识地锻炼孩子的注意广度，就是在同一时间内增加注意的范围。例如我们带孩子去超市，回去的路上可以问问今天我们都看到什么了？孩子就会有意注意很多东西。

7. 带孩子玩的游戏或活动，一定要有趣，有挑战性。给孩子一些他需要努力去做的事情，他们的注意力强度更大，专注时间更长。

8. 让孩子参与到日常劳动中来，如扫地、洗衣服、擀饺子皮、擦桌子。别小看这些动作，他们是需要付出很多的脑细胞才能做到的。

讲到注意力，我想特别说一个被很多父母滥用的词汇：注意缺陷多动障碍（ADHD），即多动症。这是指表现为与年龄和发育水平不相称的注意力不集中和注意时间短暂、活动过度和冲动，会导致学习困难、冲动控制障碍和社会功能不良。多发于 2—12 岁的孩子。国内外调查发现患病率为 3%~7%，男孩居多，男女比为 9∶1。如果不能得到很好地干预，成年后也会明显影响其学业、身心健康以及成年后的家庭生活和社交能力。

多动症的发病原因，以遗传因素、大脑神经递质分泌失衡、脑结构异常为主。母亲怀孕期间，抽烟喝酒，或早产、产后出现缺血缺氧性脑病以及甲状腺功能障碍，也是重要的因素。后天因为教养或家庭因素导致多动症的，在我看来充其量最多只有 2%~5% 的相关。多动症和小孩好动最大的区别有三个:（1）活动过度，怎么都停不下来;（2）没有任何一件事情可以让他集中精神的;（3）极容易发火，情绪的变化速度很快。爸妈如果没有注意力方面的问题，怀孕生产都是正常状况，出生后没有病毒感染、脑膜炎、脑炎、头部损伤、癫痫等疾病，即使孩子好动得厉害，也不要担心孩子可能患上多动症。一旦你给孩子贴了标签，你就会总是觉得孩子的行为越来越像多动症。如果你有疑虑，请带孩子到权威的医院去做个筛查，不要自己妄下结论。

在注意力的问题上，我需要提醒爸爸妈妈，千万别给孩子贴标签。更别在孩子面前说，你就是有多动症，你就是不如别的孩子!这是大忌！多动症属于一种疾病，我们这里不作探讨。如果爸妈有兴趣，我建议在一些数据库（各高校和研究院所都有他们专有的数据库，只要有心理学专业的211高校、中科院心理所的数据库都是非常优质的）里查找心理学专业研究的文献去阅读，或去高校和心理所的阅览室查询相关书籍，有中文的也有英文的。科学，可信!

还有很多妈妈问孩子到了八九岁了，注意力还是不能集中怎么办？主要表现在上课不能认真听讲，做作业玩一会儿写一会儿。这个时候讲道理没有太多用处，只能重新培养。培养他们对学习的兴趣，这是第一步，甚至需要适度减少数量，降低难度（不要报那么多课外班）；还可以找个小伙伴一起；每天学习的时间分割成几次完成，不要求孩子一刻不停地做作业。甚至妈妈或爸爸陪着孩子一起做作业，陪伴的时间不要少于一个月，最好坚持90天（研究表明，90 天会形成一个比较牢固的习惯）。在孩子注意力比较集中的时候，先完成难度大的、有挑战性的事情，如果孩子坚持下来就要给予一定的奖励。不断提高坚持的标准，让孩子慢慢适应，现在绝对不能着急，要稳扎稳打！

所以才要不厌其烦地跟各位爸爸妈妈说，孩子小的时候，任何行为都是可以塑造的，散养不是不管，不是放任，而是给孩子更多机会、更多尝试和更多引导。国外的教育理念中，说散养只是形式，内容其实是很丰富的！外国小孩在宽松自由的环境中，做的全是动手的事情。各种发明创造，各种尝试体验，什么都在接触！我们不要只学了皮毛，却抛弃了精髓！我们要看清自己的孩子是什么样子，什么地方需要我们引导，怎么引导会更好。花点时间琢磨琢磨这个，我觉得比啥都管用。

入园准备你真的做好了吗？

孩子长大不容易，上幼儿园是父母们与孩子遇到的第一次比较大的选择。在这个问题上，很多父母都有很多坚定的想法，比如对幼儿园的硬件设备、老师素质、活动收费、课外体验等都有要求。

当孩子上了幼儿园，或是托管班，爸爸妈妈们常常长吁一口气，但其实并不是把孩子交给幼儿园，我们的任务就完成了。3 岁到 6 岁，仍然是以父母教育、家庭教育为核心的。只是在这个阶段儿童进入了更复杂的前社会关系中，拥有了师生关系和同伴关系而已。他们对父母的依恋不会因为他人而减少，所以有些孩子需要很久的时间才能适应跟父母分离去幼儿园待上一天。父母如果把希望完全寄托在幼儿园，你就会花很多时间来考察他们。无论是私立的还是公立的，他们只是在给孩子吃的东西不同（这些吃的你也都能买到）、玩具数量不同、户外体验不同而已。绝大多数给这些孩子上的课程都是大同小异的。最重要的是，无论是私立还是公立幼儿园，老师更多是以管理者的面目出现，并不是完全的教育者身份。

所以，我们选择幼儿园，可以地理上便利、离家近为首选。那么小的孩子，早早起床，本身就是很痛苦的事。而家长每天都要催孩子，他们越是不配合，你会越生气，心理上会产生“我为你这么辛苦，你还不努力”的想法。离家近，会给孩子很多心理安慰。北京有很多优质的幼儿园，据说 1 岁就要开始排队登记了。但在这些幼儿园就读的孩子毕业后有些反而不能适应小学的学习和生活，父母又要处心积虑选择一个适合的小学。除了时间和金钱上的花费，最严重的情况会有可能导致孩子没有任何适应力。其实想想，他们今后的路，我们能陪着走多远呢？

无论如何，孩子上幼儿园，我们确实要做好入园前的准备。准备工作最好在入园前一年开启；千万不要把两岁以前的孩子送进托管班。可以在上幼儿园之前参加幼儿园组织的亲子班，与老师提前沟通孩子的情况，性格、脾气、爱好、小毛病，孩子擅长做以及不擅长做的事情。

孩子的适应过程短则 1 个月，长则 1 年。太快适应说明孩子跟父母之间的依恋不够安全，太慢适应说明孩子跟父母之间的依恋太过紧密。适应的过程中有反复，这是正常的。每次反复都需要更多的关注而不是批评。

入园要做的准备，首先就是做好心理准备，处理好分离焦虑的问题。

孩子与父母分离，就好像鱼儿离开水一样让他们感到恐惧。孩子最早出现分离焦虑是在其醒来的状态下母亲不在身边，例如妈妈产假后上班或短暂的外出。明显的分离焦虑会表现在宝贝 10 个月左右。当你离开的时候，孩子会哭，甚至会哭很久。这种分离焦虑通常会持续 2 到 3 个月。如果处理好了，孩子尽管对母亲的离开感到难过，但不会过于焦虑，因为他们知道妈妈会回来的。如果处理不好，孩子就会认为妈妈可能不要我了，虽然她说会回来，但孩子总担心会有变化，他们会一直焦虑不安。随着年龄的增长，他们的焦虑就内化了，不会轻易被看到，但一遇到事情就变得很急躁，脾气很大，或者不愿意说话，不喜欢新鲜事物。在幼儿园老师的眼中，就是那种不好管、不合群的孩子。这时，亲子之间的关系是指向分离的，所以既要处理好孩子的分离焦虑，也要处理好妈妈的分离焦虑。

对于孩子，妈妈如果 4 个月后要恢复上班，请从第三个月起每天做短暂分离。从开始 20 分钟的分离，到后面大半天的分离，最后到快一天的分离，让孩子逐渐适应。每次分离前，可以跟孩子说："宝贝，妈妈出去一下，我保证 20 分钟就会回来！"孩子听不懂，不过没关系，听多了，他就知道你这样说完就会离开，不过很快又会回来的。千万不要趁着孩子扭头你偷偷溜走，哪怕迟到呢！如果怕迟到，就早点跟孩子开启分离仪式，给孩子留一些跟你亲近的时间。当着他的面走，走的时候一定要说，妈妈什么时间回来（你必须这个时间回来，虽然他没有时间概念，但你说多了，他就开始有时间观念了，这种能力你迟早都是要给孩子培养的）。不要害怕孩子哭，任何改变，任何不遂心愿，他们都会哭，这就是成长的一部分，不要认为哭是坏事。这个时候，照顾孩子的老人请立刻找到分心刺激，让孩子有事可做。全职妈妈跟孩子做分离会很难，这个时候特别需要爸爸的倾力协助。请爸爸下班回到家，带着孩子出去，离开妈妈的视线。周末休息，带着孩子出去，妈妈可以不参加。爸爸只要每天下班回家多陪陪孩子，孩子很快就可以跟你建立依恋关系，毕竟你们流着相同的血呢！刚开始带孩子出去你觉得 hold 不住，后面你就会越来越得心应手。爸爸的介入，使得孩子跟母亲之间从原本亲密无间变得有了空间，宝贝知道他们还可以跟更多的人建立关系。当他们认为只有一种关系存在的时候，只有一个人可以依赖的时候，这个人突然不在身边了，他们当然会觉得难以忍受。如果还有别的人可以满足他们的需要，他们就不至于那么焦虑。

焦虑是必要的，那是孩子的自我保护，也是在跟母亲提出某种需求。所以前面我提到，孩子如果在幼儿园适应得太快，说明妈妈跟孩子之间不够亲密，其他人随意就可以吸引宝贝对他们的依恋；如果适应太慢，说明母子捆得太紧。母亲和孩子之间没有其他关系介入，孩子把母亲当作唯一，那么其他人就成为潜在的焦虑源。把握这个尺度看似很难，其实很简单。孩子 1 岁半前，妈妈高质量的陪伴，让孩子做足够多的自由探索是关键。高质量的陪伴不是天天陪着，是跟孩子各种互动交流，面部表情的、身体的、语言的和对其声音的敏感反应，他哭、笑、叫，你都要第一时间给予反馈。刚开始是妈妈一个人的声音，接下来是爸爸的声音、奶奶爷爷的声音、姥姥姥爷的声音、邻居朋友的声音，各种见面打招呼的声音，声音越来越多，他们就会慢慢习惯与别人之间的互动和交流。再有陌生人，他们就不会害怕，不会排斥和拒绝！1岁半后，宝贝出现自我意识，让他们接触更多的人、更多的事情，给他们更多自主的权利，让他们做更多想做的事情（还是我一直强调的安全健康是前提）。多和同龄的或稍大一点的小朋友们一起玩耍，等到两岁或两岁半，多跟他们讲讲在幼儿园里可能会发生的有趣的事情。我记得开心两岁左右的时候，我每天晚上给她讲故事的时候，编了一个幼儿园系列故事。让她感觉幼儿园挺有趣的，她挺想去看看的。因为幼儿园就在我们家楼下，我经常带着她溜达到那里，指指戳戳一番！

这个过程中，妈妈也要做好分离的准备。很多时候，妈妈太依赖孩子，也会有很多情绪。而孩子是天生的侦探，一旦发现你的情绪，他们立马上演“苦肉计”，那就更分不开来。亲子关系是指向分离的，只是时候早晚而已；分离是循序渐进的，不是一蹴而就。更重要的是，分离其实是让自己学会面对真正的自己，只有当他从内心知道自己需要什么，如何获得，才真正意味着独立！所以，妈妈不要用爱的借口绑架孩子，该放手的时候要放手！

除了处理好分离焦虑，孩子还需要在入园前养成一些好的习惯，譬如学会穿脱衣服裤子和鞋，学会自己上厕所，可以自己入睡，可以告诉老师自己的需要，不舒服的时候知道告知老师，懂得遵守规则等。这些习惯对于孩子来说，不难养成。很多时候我们包办得太多，要么就是嫌孩子做得太慢，要么就是嫌孩子做得不好。等到孩子两岁以后，40%与宝贝相关的事情就要让他们自己去做了。比如吃饭，不再一口一口喂了，鼓励他们自己定时定量吃饭。表现得好，要给奖励哦！两岁半，60% 的事情自己做。比如睡觉、上厕所、穿鞋子、收拾玩具。3 岁时，80% 与宝贝相关的事情就让他们自己做。比如穿脱衣服裤子或裙子、洗脸、刷牙等。先教会孩子怎么做，再让他们反复练习。在教的时候，要帮着孩子找窍门，而不是讲道理。要多重复，多鼓励。让孩子自己感受到能做的事情越来越多，越来越能干，他们就越想自己做事情。当然在做这些事情的时候，有时候爸妈是需要帮忙的。譬如刷牙，从孩子长第一颗牙的时候，你就要给孩子刷牙。一根手指缠上医用纱布蘸上温开水，按摩宝贝的牙龈。等孩子牙齿多了，就开始用小牙刷，不用牙膏，用温开水。你给孩子刷，边刷牙边唱儿歌；等孩子 3 岁的时候，你和孩子照着镜子一起刷，他会看着你怎么刷他就怎么刷。有一个绘本《牙齿村》，建议大家跟宝贝一起阅读，让他们慢慢学会照顾好自己的牙齿。

形成习惯一般需要 21 天，固定习惯需要 90 天，对于孩子来说，可能还需要更长。父母要坚持，不要轻易改动。说好了早晚刷牙，就不要轻易取消一次。说好了自己吃饭，就不要因为时间来不及给孩子喂饭。如果你的孩子动作比较慢，你需要留出更长的时间给孩子预热；如果你的孩子比较倔强，你需要告诉他做好了的奖励。总之，根据自己孩子的特点，帮他做好入园前的准备。

幼儿园提供了一个很好的同伴交往的环境和事件。所以在孩子 1 岁左右就开始接触同龄的小朋友，2 岁左右邀请同龄小朋友来家里一起玩；2 岁半是同龄交往的敏感期，给孩子创造和更多小朋友一起玩的机会。等他们去了幼儿园，对于同伴就会有安全的感觉和亲近的需要。至于孩子们在一起玩的时候，哭也好，闹也好，叫也好，打也好，争也好，抢也好，跳也好，跑也好，只要没有安全隐患，随他们！让他们了解人和人之间就是这样的相处方式，他们得学会如何与他人沟通，从而达成自己的心愿。

家长可以向老师了解孩子的情况，但不要让老师给孩子贴标签。曾经一个妈妈跟我说，幼儿园老师说她的孩子有心理问题，建议转园去心理科看看。我了解后发现，根本没有任何问题，但把这个妈妈当时吓得不轻。所以提前跟老师说好，您告诉我孩子的表现就好，我来做判断。如果老师贴了标签，也不要轻易相信。

我觉得，有时候我们把入园想得太复杂、太困难了。教养的问题永远都是你和孩子之间，只是孩子的活动时间和活动场所从最开始以家里为主，到了以幼儿园为主，再到学校。如果 3 岁前，你给够了安全感，你给够了孩子自由探索的权利，你给够了孩子自己创造的机会，你给够了孩子自己锻炼的时间。那么，他们进入幼儿园不适应的时间会很短。如果前期没有做好，也不用沮丧，从 3 岁开始，用心去做刚才那些事情，一样会有好的结果。

在教育孩子的问题上，要相信孩子自身向上的巨大能量，我们只需要做好脚手架就可以了！控制好自己的焦虑，他们会更加快乐！

安全感到底是什么

“罗老师，我们家宝贝都4岁了，总想让我抱，这是不是缺乏安全感呀？”“我们家宝贝天天黏着我，就不让别人抱，累死我了，这是缺乏安全感吗？可我天天陪着怎么还缺乏安全感呢？”“我们家宝贝在家里可厉害了，说要吃啥就得吃啥，可一出去就特别胆小，总是躲在我身后，这是缺乏安全感吗？”

安全感是育儿领域的热词之一，绝大多数妈妈嘴上都在说着安全感，都知道培养孩子的安全感很重要，但都说不清楚安全感到底是什么。

简单讲，安全感就是让人感到稳定和可控的感觉。两个核心词，第一个是稳定，第二个是可控。无论外部环境还是教养方式都需要稳定和可控。

在讲安全感之前，先要讲明白一个重要概念，叫“育儿生态圈”，在这个生态圈中所有的东西都是稳定和可控的，宝贝就会有好的安全感。以宝贝为核心的育儿生态圈包括四个部分，如图：

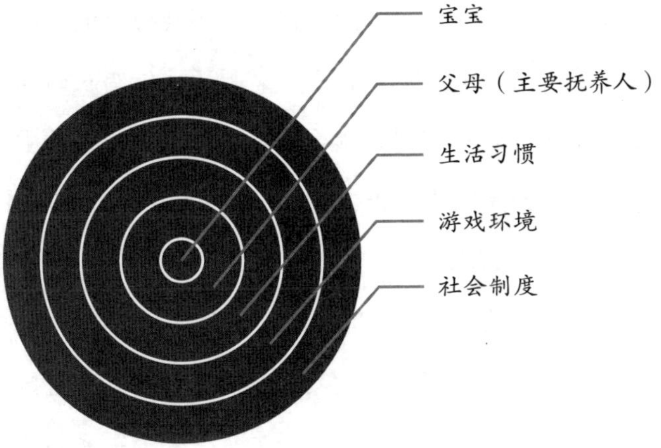

首先，这四个部分都需要稳定和可控。具体说：

第一，抚养人稳定和可控。最好是父母作为主要抚养人，爷爷奶奶，姥姥姥爷是带养人。孩子与母亲之间的链接是天然的，是有生物基础的。如果出了月子，妈妈就离开了，这是对孩子安全感最大的破坏。宝贝每天睁开眼睛看到的都是同样的人，尤其是妈妈，孩子的内心就是非常安定的，如果抚养人总是变来变去，宝贝每天可能看到这个人，也可能看到那个人，宝贝的内心就会焦虑、烦躁，就会爱哭、爱生病。我知道的一位妈妈是学舞蹈的，非常注重身材。孩子一出月子就给断了奶，第二个月就开始跳舞减肥。加上其事业的圈子还在外地，第三个月就把孩子全权委托给了爷爷奶奶，只身去了外地。一个月才回来一次看看女儿。现在孩子 1 岁 4 个月，我从来没有看见她笑过，即使逗她，也是相当淡定。每天都是爷爷奶奶抱着，还不会走路，但奶奶酸酸地跟我说，孩子最多说的一句话是“我爱妈妈”。其实，抚养人不稳定，还会极大地破坏宝宝注意力的发展。时刻处于焦虑状态的孩子，是不可能有长时间的专注力的，只有内心安宁的孩子才可能全身心地投入一件事情中去。如果孩子从小被丢给姥姥姥爷或爷爷奶奶（这是我最最最反对的），而且是阶段性换班，一段时间姥姥带，一段时间奶奶带，但如果真的没有办法，只能这样的话，那尽量在孩子 1 岁前不要换。

抚养人的情绪也要稳定。尤其是妈妈的情绪，将直接影响宝宝身体和心理的发育程度。现在生活压力大，夫妻关系，婆媳关系紧张，导致很多妈妈不但会出现产后抑郁的症状（甚至罹患产后抑郁症），而且还出现了产前抑郁的症状，就是觉得委屈、不值，总爱哭，情绪低落。抑郁情绪会在脐带输送养料的时候也进入宝宝的神经系统。所以你会发现，抑郁症妈妈生的宝宝，绝大多数头发稀黄，身体较弱，喝奶少，情绪不高，睡眠较轻。产后抑郁的妈妈通常还有极大的失控感和焦虑。妈妈情绪的不稳定，会让宝宝不知道怎么去反应。时间久了，宝宝的大脑激活水平就会越来越低，他们也会表现出低落的情绪。如果宝宝极少有积极的情绪，通常是因为很多需求都得不到满足，所以宝宝会变得更爱哭，睡眠质量更差。但这又会反过来刺激到妈妈，使妈妈的焦虑和抑郁症状更多。

我曾经认识一位妈妈，从怀孕、生产甚至坐月子都是一个人，老公在外地，期间就露过两次面。妈妈在月子后就开始出现抑郁症状。尽管是姥爷和姥姥在照顾孩子的妈妈，但因为姥爷是军人出身，本来就是个只有硬度没有温度的人，加之对这个女婿的各种不满全都通过数落女儿来表达，譬如说“你看你找的什么人，他就不是个好人”。而姥姥是个软弱的人，不敢说什么来维护女儿（一辈子也是被丈夫欺负的可怜女人）。所以妈妈的抑郁症状越来越严重。孩子就开始发生躯体化的反应（躯体化就是心理的负性情绪堆积过多，通过身体的症状表现出来）。中医说“忧伤肺”而“肺主皮毛”，所以孩子感受到妈妈的忧伤无法表达，最后得了顽固的荨麻疹（心理学上称荨麻疹为心因性疾病，就是因为心理原因导致的身体疾病），每两个月发作一次，每次都得去医院打针。在孩子 4 岁的时候，孩子的妈妈跟爸爸离婚，妈妈的情绪有所好转，但孩子的身体一直不好。

所以，妈妈稳定的、可控的、正向的、积极的情绪对于孩子来说非常重要。尤其在中国，绝大多数家庭把喂养孩子的任务都交给了妈妈（问题是，我们也没有学过怎么当妈呀），各种情况，各种疲惫，各种缺觉，各种脾气，碎了一地的辛酸，而且妈妈很难从爸爸那里得到特别有效的支持。如果是公公婆婆在，那妈妈需要做出更大的调整。我给到妈妈一些建议，但各家有各家难念的经，妈妈确实需要做好一切心理准备，具备随时拓展自己的能力。

妈妈首先要积极调整情绪。如果遇到心情不好的时候，别憋着，要学会寻求帮助和支持。可以跟老公说，不想跟老公说的跟闺蜜说，不想跟闺蜜说的发朋友圈，不想发朋友圈的找心理咨询师，不想找心理咨询师的就出去看场电影（但研究表明，心情不好的时候看喜剧没有帮助，看中性电影或是悲伤电影反而有帮助），不想看电影就出去跑两圈（研究表明：跑步后两小时，身体中的内啡肽开始分泌，心情会明显好转），不想跑步的就去KTV嚎两个小时（歌唱会大量释放身体中的多巴胺，还可以减肥，心情顿时就会有变化），不想嚎的就去找几个朋友购购物，聊聊八卦，实在不想动弹的就自己坐到地上晒晒太阳，刺激一下肾上腺素的分泌，心情就会好一些。总之，当你心情不好的时候，不要任由你的情绪累积而置之不理。一旦你察觉说自己现在心里不舒服，就请立即采取行动！发脾气，怄气，摔盘子砸电视，对咱身体没好处！

爸爸要尽快卷入孩子的抚养过程中。很多研究都表明，父亲积极卷入孩子的抚养，对孩子的好处那是太多了。但最重要的一个好处是，妈妈感觉舒服。宝宝头三年是吸收安全感最重要的阶段，安全感一定是妈妈给的。爸爸让妈妈始终“保持正常温度”，不降温也不升温（一会儿抑郁，一会儿躁狂），那样的安全感是最稳定可控的，你的宝宝将会获益终生。你只需要平时多关心妈妈而不是嘴上总挂着宝宝；你只需要回家多抱抱孩子，让妈妈能睡就睡一会儿；你只需要时不时跟妈妈讲讲好玩的笑话，让她也乐和乐和；你只需要周末的时候，趁着孩儿睡觉带着孩他妈去公园溜达一圈；你只需要在孩他妈一脸无神的时候，紧紧地拥抱她，抚摸她的背，给她真情的kiss；你只需要在你爱人跟你妈妈发生冲突的时候，稍稍袒护一下你的爱人。如果上述这些你都做不到，那只能说明你没有照顾好这个为你付出青春，冒着生命危险给你带来血脉，最终陪你到老的人！（我相信爸爸们是有这个能力和责任心的，但需要加油！）妈妈情绪好，爸爸也舒服呀！家庭和睦，还能更快地恢复性生活，你多开心的呀！所以，只要你付出一点点，你将会收获一箩筐。

第二，行为方式和生活习惯要稳定和可控。内心感到安全的人，绝大多数是知道自己能做什么的人。宝宝也是这样，他们知道饿的时候可以吃东西，困的时候可以睡觉，想玩的时候就有人陪伴。这就是可控的，孩子不用担心“我的需求不能得到满足”。随着年龄的增长，定点定时定地方，什么时候吃，什么时候睡，什么时候玩，什么时候讲故事，都会越来越规律。这种规律就是稳定的感觉。但孩子的生物钟是不断调整的，一种时间模式短则持续 1~2 周，长则持续 1~2 个月，都有可能再调整。无论怎样调整，有些程序都是必不可少的。譬如睡觉前的洗漱、讲故事、听音乐等；还有喝水、吃主食、吃水果、吃零食（2 岁前最好不吃）的时间。所有的习惯都是在稳定和重复中养成的。总有些妈妈说，我孩子这个习惯不好，那个习惯不好，只能说明你们当时没有提供稳定可控的行为方式。我见过很多长辈带孩子的，总是担心孩子饿，不停地喂东西；要么就担心孩子冷，穿了一层又一层；孩子想干吗就干吗，生活中一切都是随机的，完全没有任何规律。结果是，宝宝不但没有好的习惯，而且自我控制的能力还会极低。

第三，游戏环境要稳定和可控。游戏环境是指宝宝所有醒着的时候，看到、听到、感受到的外界刺激。其实吃喝拉撒皆游戏！所以，外在的环境，包括家里的布局，小区的环境，经常游戏的场所，游戏者吃饭用的碗筷，喝水用的杯子，奶瓶，甚至有时候妈妈穿的衣服都会对孩子造成影响。玩具不要一次买太多，也不要一次都摆在宝宝的眼前，一部分一部分拿出来。等宝宝玩烦了就收起来，换一批，过段时间再拿出来，宝宝还会喜欢玩。宝宝经常使用的东西也需要保持一段时间的稳定，你换个奶瓶孩子都能感觉到。其实宝宝所用的生活用品是很省的，他们是喜欢用熟悉的而不是总是变化的东西。就好像我们提倡母乳喂养，奶水就一个味，从出生到6个月都只吃这一种食物，为什么孩子乐此不疲呢？很多妈妈为断奶煞费苦心。即使添加了各种有味道的辅食，恋奶的孩子还是很难断奶。为什么呢？就是因为在妈妈怀里吃奶很有安全感呀！这种食物味道不变，定时定量供给，多稳定和可控呀！我看到很多还在襁褓中的宝宝（小于6个月），也被父母带着到处跑的时候，我并不赞成。这时候不需要那么多的刺激，太多的刺激反而会让孩子焦虑。所以你会发现，太小的孩子，如果白天看到的东西太多，他们晚上就会睡不好，要么哭，要么闹，很难入睡。婴幼儿，我指0~6岁的孩子，都是在不断地重复建构自己对世界和对他人的认识。这种重复给了孩子安全、稳定和可控的感觉。重复是必需的，是非常重要的。

有些妈妈说："你看谁谁家的孩子，刚出满月就带着出国了，你让我们6岁前都不要多跑，很多旅游达人不都说带着孩子旅游好吗？总憋在家里还怎么开阔眼界，见多识广呢？"

我并不是说孩子6岁前不能带出去旅游，我的意思是，不要让孩子总是接受太多新鲜刺激，要给孩子掌控感。旅游很好，等宝宝4岁以后吧，这样的经历可以慢慢增加，但在这之前，还是希望爸妈给孩子更多的稳定和可控的环境。比较心理学做过一个研究，让一组刚出生不久的小白鼠生活在色彩鲜艳、玩具众多的环境里，一组小白鼠生活在正常的环境中，3个月后，让小白鼠们通过迷宫找食物。结果生活在正常环境中的小白鼠用更短的时间，更快地找到了迷宫的出口，而那些生活在刺激众多环境中的小白鼠则东撞西撞，用了更长时间才找到迷宫的出口。

最后一个因素，社会制度是相当稳定的：妈妈永远都是照顾孩子的主力！

大家都知道安全感很重要，有安全感的孩子会有更多的积极探索，有较高的自尊、自信，也是宝贝拥有意志力和目标感的基础，成年后才会拥有更健康的亲密关系。

对孩子来说，安全感真的很重要。其实，环境稳定和抚养人稳定都是可控的。还需要强调的一点是，父母，尤其是妈妈要敏感的对宝宝的所有需求有所反应，但不代表都要满足。人不到的时候，声音要先到："宝贝，妈妈马上就过来了！等一会儿喽！"不想说话的时候，表情要有，微笑的哦，甜蜜的哦，不能哭着脸，更不能是生气的脸。因为妈妈的及时反馈，会让宝贝知道他们正在被无条件爱着，也不用担心被抛弃，不用害怕没人理，这样他们才会觉得安全！安全感的发展也是有阶段的，就像孩子希望妈妈抱自己，一阵子一阵子的；就好像宝贝本来都能自己做的事情，突然有段时间就希望你替TA做；就好像看上去挺独立的，但有时候就是黏着你，不敢做这不敢做那的！这不能说明孩子没有安全感，只是孩子需要不断获得更多的安全感，他在证明你爱他，证明他需要的时候你就在身边！所以，遇到这样的问题，妈妈就去满足孩子的需要好了，你多给他一些关注，多给他一些黏在一起的时间和互动，他很快就会好了！

安全感的敏感期短了说就是宝贝出生到3岁，长了说到6岁。这个阶段妈妈只需要练一个功——耐心，就够了！需要修炼的是，你疲惫的时候，烦躁的时候，愤怒的时候，沮丧的时候，都能保持耐心！

这是父母一辈子的功课！修炼好了，咱就真能成就最好的自己，成就最好的孩子！

亲子关系，决定孩子一生幸福的密码

我曾经遇到一个来访者，给我留下了深刻的印象。一个女孩，25岁，白白净净，长得很耐看。来找我的时候处于极度惊恐的状态。因为她遇到了一个男孩，相处一段时间后发现这个男人不合适，提出分手，结果这个男人把她关在一个房间两天，敲碎啤酒瓶，用破碎的玻璃威胁她说要同归于尽，强迫她脱了衣服跟他躺在一起！女孩趁男孩不注意，一路狂奔到公路上，拦了一辆出租车，不停地大喊“快走师傅，后面有人要杀我。”从此躲起来不敢露面，于是这个男孩在这个女孩的工作单位放出话来，如果让我碰到她，我就杀了她！就是在这种情况下，她找到了我。因为男女关系来咨询的，我习惯性地会想到她和她父亲的关系。

她是独生女，父亲重男轻女，对她并不是很喜欢，但也算舍得给孩子花钱的爸爸吧！从小她和妈妈相依为命，爸爸似乎有点游离在这个家之外（这样的家庭，孩子跟妈妈会捆得很紧，一定非常听妈妈的话，因为她在用这样的方式努力保护妈妈，弥补爸爸不爱妈妈的痛苦）。等她上大学的时候，她爸爸有了外遇，为此她鼓足最大的勇气（她从来不敢跟父亲顶嘴，从来不跟父亲说任何心里话，两人没有沟通，也没有亲密），质问她的父亲为什么要这样做？结果被父亲赶出了家门。她大病一场，随后的3年都不曾回家过年！直到父亲突然重病，她再见父亲的时候，父亲已经奄奄一息，即将离世。病榻前，父亲的最后一句话是："你知道吗？爸爸是爱你的！"（她从来没有感觉到父爱，但却一直以来，都小心翼翼地希望爸爸能好好爱妈妈，并用自己浑身的力量来保护妈妈，她有那么多愤怒，那么多悲哀，所以这句话她承受不起！）还记得她当时说："我爸说完这句话时，我已经泣不成声了！我一直都自认为他并不喜欢我，可我那一刻突然觉得他也许真的是爱我的！我真的混乱了！我大脑一片空白！"

她告诉我，她至少交过30个男朋友。她觉得很多男人都喜欢她，想跟她发生关系。所以她工作以后开始整形：丰胸、隆鼻、修下巴。她不懂得拒绝，一旦有男人发出邀请，她就会顺从（希望通过身体的接触让对方爱上她，肯定她的价值，因为她在父亲那里，第一个她接触的男性那里，她从来没有感受到价值），没想到碰到了这样一个渣男！她问我："为什么，每次我都是非常认真地在爱，结果却是这样的？为什么我碰不到好男人？"

因为从来没有得到过异性真正的爱，所以不知道怎么去选择异性！因为急于想要证明自己在异性眼中的价值，所以来者不拒！因为不知道男人和女人在爱情和性上的诉求不同，所以每次都是心力憔悴。她说："每段恋情结束的时候，我都很痛苦，会痛苦很久。但只要有另一个男人来追我，我又会立刻陷进去！"我深深地为这个女孩感到可悲！要怪，就怪她的父亲吧！（后来我也了解到她父亲的成长历史，因为她父亲跟她奶奶的亲子关系不融洽，决定了她父亲不会爱女人，也导致了她不会爱男人！）如果她能遇到一个能治愈她创伤的男人，用心爱她，包容她，弥补爸爸欠缺的爱，又能给她带来成长，那她这一生的幸福才可能真正实现。但在此之前，她需要先进行自我救赎，她需要明白自己要什么，明白怎么去拒绝男人。

在我咨询的个案里，有同性恋，有暴露狂，有恋物癖，有抑郁症，有恋母癖，有冲动控制障碍，有退行行为。无论哪样的问题，追到源头，一定是他们跟父亲或者母亲之间的亲子关系出了问题，要么过于紧密，要么过于疏远！他们之间的依恋模式要么是焦虑的，要么是矛盾的。如果这样的问题一直没有得到解决，他们会在自己的亲子关系中重复这些他们痛恨了几万遍的行为，因为这些行为已经成为潜意识模式，储存在大脑的结构里了！越是抗拒，越会不期而遇！一位妈妈哭着说："我打了孩子，事后好后悔，我发誓再也不打孩子了，可是我真的控制不了！"为什么控制不了？最通俗的说法，大脑里没有那个按钮，相似的情景一旦启动，应对模式随即启动！所以，她确实控制不了，真的不能怪她。而每次的愧疚和后悔会再度加重她对自己的否定，变得更没有价值观！

人的一生都在追求意义，不能从父母那里得到肯定和接纳，他就得花更多精力和时间来获得他人的肯定和接纳。永远都找不到自己的力量，永远都不能从内心肯定和接纳自己。

我经常想，给孩子无条件的接纳是不需要学习的，应该是为人父母的本能。为什么现在我们做不到了？因为我们没有很好地接纳自己，肯定自己，而是把所有内在的冲突投射到孩子身上，所以我们对孩子们开始有各种要求，各种期望，各种规矩，各种比较。如果他们满足了我们，达到了要求，我们就说："真棒，妈妈爱你！"如果他们做不到，我们就说："怎么这么简单都做不到呢？爸爸不喜欢你这样！"

写到这里的时候，我心里很难过。想起自己也有过这样的时候，开心总是可怜兮兮地喊着"妈妈，妈妈"，有时候撇着小嘴说"妈妈，你又严厉了"。我对开心说："如果妈妈对你严厉，你记得告诉我，我会跟你赔礼道歉。"

父母的成长，需要孩子的帮助，因为他们从来对我们都是无条件的接纳和肯定的。

其实，要想拥有良好的亲子关系，就要做好这六条：

1. 妈妈做好妈妈的工作，爸爸做好爸爸的事情。妈妈是温柔的港湾，温和而坚定地跟孩子说话，爸爸是踏实的靠山，给宝贝支持和保护，陪他们游戏和运动！

2. 跟孩子亲密有间。不要捆得太紧，让孩子做他们应该做的事情，让他们和更多的人接触。

3. 不要用自己的情绪影响孩子的判断。有情绪的时候，远离孩子，控制好情绪再回来跟孩子沟通。

4. 互相监督，互相帮助，亲密沟通，共同成长，向孩子请教和学习！

5. 找到接纳自己、肯定自己的方法，不断练习，不把未完成的愿望和不切实际的期望都放在孩子的身上。

6. 陪伴孩子的时候，少说话，多听话；少拒绝，多接纳。越是挑战你权威的，挑战你底线的，越要尝试着去接纳，去消化。

不要再埋怨原生家庭带给你的痛苦，也不要试图从原生家庭中找到解决问题的方法，就从你和孩子的现在开始，努力做到这六点，让我们的孩子拥有获得幸福的能力。

有自信，三步走

一位美国的学者，对全球5000位成功人士做了一项调查。这里的成功有三个标准：第一，有相当数量的money；第二，有相当高的地位，社会影响力够大；第三，有和谐的人际关系。结果表明，要想成功需要具备至少七种品质：

非常自信、自我控制、不断地学习、极强的目标感、坚忍不拔的毅力、宽容的胸怀、健康的身体。

有人说自信就成功了一半，虽说有点夸张，但如果没有自信，连一点成功的可能性都没有。

自信是怎么获得的呢？我认为首先是父母给的。可能有遗传的原因，那些官二代、富二代、红二代都很自信，想怎么折腾就怎么折腾，因为老爸比李刚还牛！钱喂出来的自信，毕竟是少数，绝大多数平常人家的孩子，需要自己建构更坚固的自信。

要区分两个概念：自尊是我认为我好，自信是我认为我行。一个孩子，只有认为自己好的时候，才相信自己能把事情做好。也就是说一个孩子如果是低自尊，那肯定没自信；高自尊的孩子才可能有自信。所以，要想让你的孩子有自信心，首先你要让他有自尊感。

自尊是儿童自我评价发展到一定阶段的产物。儿童对自己的评价首先源于父母对自己的态度。一个有安全感的孩子，会认为自己是值得爱的，自己是可爱的。随着年龄的增长，儿童不断得到来自同伴、老师的认可，赞扬后他们会坚定对自己的评价，即我是值得爱的，我是可爱的，大家都喜欢我。当他评转化成自评的时候，换句话说，别人认为我好变成了我也觉得我好的时候，自尊才真正建立。但是很长一段时间，尤其是在中国的文化背景下，我们都非常依赖和在乎别人对我们的评价，甚至会把这些评价当作是唯一正确的评价。

我们对孩子的评价变得越来越有条件，孩子表现得好，听我们的话，按照我们说的去做的时候，我们就表扬他们是好孩子，我们爱你；如果孩子不能按照我们说的做，我们通常就会严厉地批评他们不是好孩子，不可爱，并且常常会说一句：“再这样，我就不爱你了。”对于孩子来说，他们非常依赖父母的评价，他们害怕不被爱，于是慢慢他们变成了你期望的那个人，而不是他们期望的那个人。等到他们长大了，回过头去看自己走过的路，发现没有一个选择是他们发自内心的，没有一次决定是他们可以自主的。好悲催！这样的人，你认为他们会有高自尊吗？即使他们可能做了很多成功的事情，但他们会归因为是他人导致的成功而不是自己，这样的人会有自信吗？所以，我们会看到在工作岗位上，很多人是跟着跑的，人云亦云。只有少数人，坚定地相信自己好，相信自己行的人，才成为站在风口浪尖的人。

想起来俞敏洪老师曾经给我们讲过的一个故事。他第二次高考失败的时候，跟妈妈说他不甘心，想再考最后一次。如果还没有考上，他心甘情愿地回家种地，做一辈子的农民。妈妈想了会儿，决定再给儿子最后一次机会，于是说服家里的其他人，东拼西凑地开始准备学费。有一天，俞敏洪郁闷地回到家中，对妈妈说："补习班的人已经满了，我上不了了！"妈妈没多说什么，要了补习班老师的电话和住址，第二天就不见了！两天后的晚上，大雨倾盆，雷电交加。忽听得有人拍门，他打开门一看，只见妈妈浑身湿透，两脚泥巴，脸上却流露着不能控制的喜悦。妈妈进门就说："儿子，明天你可以去上补习班了！"原来妈妈花了一天多的时间，坐车到省城，打听到老师家里（妈妈不认字）。敲门跟老师说："老师，能收下我们家俞敏洪吗？他说他要参加最后一次高考。"老师说："人真的满了，塞不进去了！"妈妈看到老师的儿子走出来，头发稀黄，又矮又瘦，妈妈当机立断地说："老师，您如果收下我们家俞敏洪，我让您儿子在半年后变得又胖又高。"老师估计当时思想斗争很厉害，最后还是点头同意了。事情就是这样的！俞老师说他从妈妈身上学到了坚持，学到了自信。在创办新东方的路上，再艰难，再痛苦，妈妈的自信一直陪伴着他，支持着他，让他走到了今天。

最初的时候，孩子的自信是父母给的。因为妈妈无条件相信我的孩子好，让孩子慢慢体会不是因为我做对了什么我就好，而是我本身就是好的。这种感受慢慢内化，让我们在今后的人生道路上可以在很多人都说自己不好的时候，还能坚持自己，这对我们自我实现太重要了！想起马云说当年自己决定做互联网时，邀请了13位好友来家中讨论，他口沫横飞说了3个小时，没有一个人同意。但他还是坚定做了，这才有了阿里巴巴，有了400多亿美元美国纳斯达克的上市价值。他敢于坚持的前提是，他真正认为自己能行！即使他曾经做了不下20份创业都失败了，他还是相信他能行。这种力量一定来源于他被无条件地接纳过、无条件地肯定过！这种无条件的接纳和肯定，只有父母才给得了。

自信的前提是自尊，无条件的爱就是在给孩子高自尊。

自信的第二个条件是成功，并且是不断地成功。孩子从两岁左右开始出现自我意识的时候，就开始期待成功了。他们挑战我们，什么都想尝试，什么都想探索。这个时候我们给了他们充分的探索和保护，并且为他们的主动尝试给予支持和鼓励，对于他们来说就获得了人生第一桶自信。接下来他们开始跟小伙伴、跟老师、跟更多的人接触，学着做更多的事情，我们需要引导他们不断累积成功的体验，让他们愿意去做更多的尝试，做更多的探索，对很多事情都充满了好奇和向往。这种好奇心是人勇往直前的原始动力，这种动力带来的成功体验会更持久，更强烈。在这个过程中一定会遇到不成功的事情，It’s OK！失败是成功之母，教会孩子做好归因很重要。

动机心理学大师维纳提出，我们对事情的成败寻找原因的时候，通常有两种：一种是内因，比如情绪、态度、努力、能力等；二是外因，比如外界压力、天气、情境等。一般人在解释别人的行为时，倾向于内部归因；在解释自己的行为时，倾向于外部归因。但成功的人无论成功还是失败，无论解释别人还是自己，都会倾向于内归因。事情好坏都是我造成的，这样自主性更强，更希望不断面对挑战，始终憧憬下一次的成功。这个研究告诉我们，当孩子做不好的时候，我们需要引导他们更努力、更用心、更积极就好了，教给他们方法，告诉他们可能的结果。当他们做好的时候，我们需要引导他们认识到这就是他们努力的结果，积极投入的结果，用心去做的结果，而不是耍小聪明的结果。

心理学家做了一个非常有趣的实验。选取了两组 3 岁以上的孩子，分配了相同的任务，一组成功被归因为付出了很多努力，另一组成功则被归因为天资聪明。结果发现等到他们 7 岁的时候，被夸努力的孩子比被夸聪明的孩子已经表现出更多学习的兴趣和积极的态度。研究跟踪到 10 年之后，从小被夸努力的孩子表现出更强的抗挫折能力，更好的适应能力和更健康的积极心态。而那些从小被夸聪明的孩子更容易因为失败而灰心丧气或大发雷霆。

其实，孩子本身是不害怕失败的，是因为我们大人惧怕失败才导致孩子对失败另眼相看。失败不可怕，可怕的是我们对失败的归因。让孩子们不断从失败中积累经验，不断获得成功的体验，自信将会油然而生。

要想自信，首先要有高自尊，其次要重复成功。第三点也是非

常重要的，就是自我绑定，即认为这是我做的一件成功的事情。如果没有我，这个事情也许不会成功。这样想，个体的自我价值感才能体现。所以要创造让孩子独自取得成功的机会，不要总是帮着他们做事情。当孩子出现自我意识，什么都想尝试的时候，一定要给他们机会去尝试。做的好不好一点也不重要，重要的是他们做了就会有自信。做好了，不要夸“你真棒，你真聪明”，而是要说具体事情，让宝宝知道自己哪里好。

做个有自信的宝宝并不难，爸妈做好这三点就够了！

养成好习惯的方法

给宝宝养成好习惯非常重要。常听妈妈们抱怨：孩子拖拉、不讲卫生、见人不打招呼、说要啥就一定要啥、没规矩、到处涂写乱画、拿别人家的东西、打人、看电视、玩手机、随便发脾气……所有这些问题，其实都是习惯问题。

什么是习惯？习惯就是日久形成的一种稳定的行为方式和生活方式。习惯是从小养成的，需要不断反复和巩固。

精神分析学派的鼻祖弗洛伊德认为，孩子在1岁半到3岁左右正在度过心理的“肛门期”。他认为此阶段儿童关心与肛门有关的活动，大便是他们最大的一种乐趣。大小便训练时引起的强烈冲突可能造成两种肛门期人格：一种是肛门排泄型人格，表现为邋遢、浪费、无条理和放肆；另一种是肛门便秘型人格，表现为过分干净、谨慎、注意小节，过分注意条理化。因此，弗洛伊德特别要求父母注意对儿童大小便训练不宜过早、过严。这个阶段也是孩子与母亲原本一体化的状态开始松动，孩子出现自我意识的阶段。我们最熟悉的强迫症就是由于这个阶段的关键任务没有处理好而形成的。而且自我意识的出现标志着宝宝开始跟爹妈对着干了，本来就很让爸妈抓狂，可这个阶段事情还特别多，做不好会特别影响孩子以后的人格，所以，爸妈就费点心吧！

孩子有很多习惯需要养成，比如说饮食习惯、睡眠习惯等，这里重点讲讲宝宝排便习惯的养成。大小便是宝宝身体的晴雨表。通过颜色、味道、形状我们就可以判断宝宝对食物吸收消化的情况以及是否需要补充水分。宝宝大概 1 岁半的时候就可以进行如厕训练了。有些孩子只需 3 个月就学会如厕了，有些孩子则需要 1 年的时间。所以爸妈要有足够的耐心。帮助宝宝形成良好的如厕习惯，需要做到：

1. 把尿的时间不宜过早。有些孩子在月子里就被把尿。那时候他们的脊柱还很软，把尿的姿势会让孩子把身体的压力都集中在尾骨上，造成脊椎的变形。所以建议，等孩子的头直起来以后再把尿。

2. 观察孩子小便和大便的规律。肯定是水或奶喝多了，一会儿就要尿一次，这是时间和频率；还要观察宝宝小便和大便时的表情。我们家可乐要大便的时候，通常面无表情，呆若木鸡，一动不动。要小便的时候倒没观察出什么表情，每次都是他尿完，低头看地，如果这会儿我不够迅速，他的手就上去了。但每次睡醒的时候，一把一个准。

3. 使用坐便器。等孩子 1 岁半左右，走得很稳了，身体的平衡能力比较好，抬腿也比较利索的时候，就给他们买个小坐便器。不要使用成人的大坐便器，即使在上面放一个儿童座，也最好是在 3 岁以后。先训练宝贝坐在小坐便器上拉大便，再训练他们在里面小便。1 岁半的孩子可以听懂爸爸妈妈的话，所以我们要反复说，用同样的词说。但因为肛门附近的括约肌力量并不是很大，很多时候他们憋不到坐便器可能就开始拉或者尿了。所以记得一定要把他们的坐便器放在固定的位置。先不要放在厕所里，因为通常家里的厕所都有门，还有的有台阶。就放在客厅或者卧室，离他游戏的地方不要太远。

4. 告诉宝宝一个他想小便或大便的手势。譬如指一指小坐便器或指一指自己的屁股；要么“啊啊”喊两声。告诉宝宝想大小便的时候，就往坐便器那里走。要给宝宝不断地重复训练，他们慢慢就可以建立条件反射了（巴甫洛夫的条件反射原理之所以获得诺贝尔奖，我觉得他说出了所有习惯养成的机制）。

5. 即使孩子可能 4 岁，都会说我要上厕所，拉大便还是小便，甚至都可以爬到大马桶上解决，他们也偶尔有尿裤子、尿床的时候。正像我们开始说的那样，孩子所有的行为习惯都是在重复中建构的，区别只是在于有些孩子重复得少、间隔长，有些孩子重复得多、间隔短而已。所以，遇到这样的情况，我们只需要记住一点，不训孩子，问清楚原因，帮助孩子找到解决方法。

开心有段时间总是尿裤子，那时都已经 3 岁半了。她每次告诉我，因为憋不住了，等赶到厕所还没上马桶就尿了。后来我们想的方法：要么不上马桶，在洗手间放一个盆子；要么一有尿意就往厕所跑，不管是不是真的会尿。随着年龄的增长，孩子的肾功能发育越来越好，他们也就越来越能憋住尿了。

6. 给孩子穿纸尿裤的时间不宜过长。夏天是最好的锻炼宝宝排便的时间，所以这个阶段最好不让宝宝带（除非这个月份才生的宝宝，最好用尿布）。纸尿裤的使用时间男孩应该比女孩还短一些。有研究表明纸尿裤对男孩的小鸡鸡有伤害，用久了还可能影响到今后小鸡鸡的功能，所以我建议使用纸尿裤的时间最好不要超过一年半。有些家里爸妈嫌麻烦，天天都让孩子捆着纸尿裤。出现红屁股是小事，还有些宝宝连肛门，甚至女孩的下身都是红红的（告诉大家一个偏方，把香油加热放凉，抹到发红的肛门和下身上，很快就好了）。还要说的就是，如果生殖器红了，不要给孩子用痱子粉，生殖器会肿的。孩子肯定不舒服，只是他们还小说不出来，可怜的小不点儿们!

排便的训练慢慢来，别着急。其实所有的习惯都是慢慢来的!有研究说养成一个习惯只需要21天，彻底巩固一个习惯需要90天，我觉得孩子通常养成一种习惯，至少需要重复10次，坚持1~2个月。

除了排便的习惯，还要说说关于礼貌和自理的习惯。对于中国人常说的见人要打招呼，要问好，确实是懂礼貌的表现。但孩子就是有段时间不愿意叫人，有段时间见人就躲，有段时间见人甚至还会说些不礼貌的话。开心就是这样的。曾经遇到一位小区的奶奶，跟我说：“你们家小姑娘很聪明，也很有个性呀！”我当真以为人家在夸我家开心呢，没想到后面接了一句：“你应该好好教教她。”我一头雾水，直到有一天她姥姥回来说，开心太没有礼貌了，见人从来不打招呼，有个奶奶很委婉地说：“你家这小姑娘一看就很聪明，也很有个性！”我这才恍然大悟。我就是从小被我妈教育，见到认识的人必须打招呼，什么阿姨好、姐姐好（那时我的判断标准就是没结婚的都叫姐姐）。如果不打招呼，那是要挨训的！现在这么想来，有什么不好吗？如果说得远一点，我觉得自己太听话了，少了很多创造性和想象力。在这件事上，我没有要求开心一定要那么做，我主动跟他们打招呼，也邀请开心打招呼。有段时间她姥姥说多了，开心出门就会打招呼，然后扭过头说：“姥姥，我这样说您高兴了吧！”显然不是她自己乐意的！如果一件事情是被强迫的，或是不乐意的，内在动机不足，只靠外在压力，一旦外在压力没有了，这样的行为自然也就结束了！成人就是这样的，小孩自然也不例外！

所以，叫不叫人、打不打招呼并不能说明有没有礼貌，真正的懂礼貌应该是学会对别人的尊重。你会让孩子在公共场合不要大吵大闹吗？你会教会孩子主动道歉和说“请”吗？懂礼貌的背后是语言要有教养。我们都希望自己的孩子在别人看来是有教养的，那说明我们这些当爹当妈的素质高、有内涵。真正的教养不是嘴上问个好那么简单，所以这件事情上大可不必逼着孩子非得去做，他们愿意叫的时候自然就会叫了。

自理的习惯应该从 2 岁左右开始帮助孩子建立了。自理是个过程，不仅仅是个结果。过程意味着第一，需要我们的帮助和监督；第二需要我们的耐心和忍耐。不断地重复是必需的，在每次重复中找到孩子做得更好的地方，不要吝啬你的赞美，做出夸张的面部表情，喊一声“哇哦”，眨动你闪烁的双眼，那种感觉一定棒棒的！

所有的习惯养成，就是一系列动作的反复练习。孩子在两岁左右，出现秩序敏感期，请在这个阶段顺应他们自身对规则的需要，帮他们养成好习惯，事半功倍！

二胎时代，痛并快乐着

在生不生第二个孩子的问题上，爸爸们态度基本都一致，“要，为啥不要，两个人做个伴多好。”对于他们来说，确实没有发生什么实质性的改变，该干啥干啥，没有任何影响。妈妈们可是各种纠结：

实在不想再经历怀孕的妊娠反应，吐得头晕眼花，吃啥都没味道，睡不好，尿频，连个地铁都挤不上。

实在不想再经历一次坐月子，虽说只有 1 个月，不能洗澡洗头，不能吃这吃那。这都是小事，这 1 个月总是处于极度缺觉的状态，每天早上一双死鱼眼，头发比叫花子的还纠缠，时时都有想崩溃的想法。

实在不想再经历一次喂奶。奶头被咬破，宫缩肚子疼，无论坐着喂奶还是躺着喂奶，浑身各种疼，腰要断了似的，有没有？胳膊要断了似的，有没有？（如果你还生了一个 8 斤以上的大胖小子。）脖子要断了似的，有没有？真恨不得一碰就散一地，有没有？

实在不想再经历每天晚上 N 次喂奶，N 次抱着哄睡，N 次你正要睡他却醒了，N 次换尿布，洗屁股，N 次千万个不想。

实在不想再经历宝宝生病的焦虑，大晚上的往儿童医院跑；

实在不想筋疲力尽的时候，又得照顾大的，又得伺候小的（这种情况是经常发生的）。

实在不想看到自己天天围着孩子转，没有一分钟是属于自己的。

实在不想看到老公吃喝玩乐，自己日渐肥胖却只能待在家中。

实在不想的事情太多了！真想找块豆腐，一头撞死算了！

实在不想老大是男孩，又生一个男孩，俩“建设银行”，这不是要命吗？

还有些妈妈担心，有了小宝，是不是就会剥夺给大宝的爱？

还有些妈妈发愁，大宝说了，如果我要给他生个弟弟或妹妹，就离家出走。

还有些妈妈计算说，一个孩子从出生到上大学，平均：43.35 万元；最高，130.5 万元；最低，19.0235 万元（有个算出自己是 85 万的孩子说，工作后若每月还父母 800 元需 88 年）。两个孩子那更是哗哗花钱！敢生吗？

所以，当我高龄怀上可乐的时候，见到我的妈妈说的都是一样的话：“你真勇敢！”当时我觉得那是赞美，等我生完，养到 1 岁，我发现“我真的勇敢！”那个累呀！妈妈们当时肯定都是咬着牙根说的！如果你问我后悔吗？说实话吗？我真后悔过！只是后悔没用了，总不能让时光倒流，把他再塞到我肚子里去吧。所以本着对这个小生命负责的心态，也只能硬着头皮向前冲了。

现在看到这两个孩子一起的日子，我觉得还是值得的。他们给了我很多惊喜，我也看到他们神一般的心灵感应。先说几段我女儿开心跟我关于可乐的对话，幽默时刻哦！

“妈妈，您说可乐没有牙齿，算人吗？”

“妈妈，可乐来了，您快把他抱走！快呀！”

“妈妈，可乐摔倒了也不哭，因为他是男子汉，以后他要保护我的！”

“开心，你有觉得有了可乐，妈妈不爱你了吗？”

“没有啊，而且我还多了可乐爱我呢！”

“开心，你爱可乐吗？”

“不爱。”

“如果你不爱他，他就没有办法长大，还怎么保护你呢？”

“那我就爱他吧！”

可乐把开心搭好的积木推倒了，开心跟我说：“妈妈，您看，可乐又搞破坏！”

我抱起可乐，假装严厉地批评可乐说：“怎么能在没有得到姐姐允许的情况下，破坏姐姐的作品，我这次可是要严厉地批评你！”

开心想了想，说：“妈妈，他还小，您别这么厉害。等我搭好了，让他来破坏吧！”

开心看到可乐弄了一地的绘本，说：“妈妈，您是不是说过，谁拿出的书谁收拾！”

“是的，可我担心可乐没有姐姐那么厉害，他收拾不了这些书。”

“那我帮他吧！”

我扭头对可乐说：“你看你多幸福，有这么好的姐姐，妈妈都没有呢！”

开心说：“那这样吧，我当你们两个人的姐姐。”

转念又说：“可是您还是我们俩的妈妈行吗，有些事情我也做不了！”

开心看到一只可爱的小狗，说：“姥姥，我想叫它可乐。”

姥姥说：“那是你弟弟的名字。”

开心说：“那就让它姓可吧！”

可乐拉臭臭，开心搬个凳子坐在旁边，用纸捂着鼻子说：“我保证，如果可乐拉的臭臭像面条，我也不吃。”（她知道我胃浅，听到这样的话就会做出呕吐的表情，她很享受。）

我说：“太臭了，你出去吧！”

开心说：“我是怕他孤独，我陪陪他！”

可乐学走了，一脑袋撞到门上，开心说："可乐，你撞死了吗？"

开心开始说话的时候，我记录了很长时间，当时写在我QQ空间里，很多朋友都喜欢阅读。后来忙起来就总是忘记！但我觉得，如果把孩子们的话都能记录下来，那该是多美妙的事情！后面还有可乐跟开心的对话，想想会更美妙吧！两个孩子有更多快乐的时候，一定也有更多烦恼，更多劳累。这是一对冤家，分不开。所以如果妈妈决定要的时候，就停止抱怨，学会让自己享受乐趣。我不给任何建议，要或不要（我也给不了，那是你们的决定），我只想说如果有了，我们该怎么"处理"这两个小家伙！

第一，激发老大对小宝宝的照顾欲望。要老二的时候，要先带着老大多到有两个孩子的朋友家中，让老大感觉在老二前有权威，有特权，像个大人一样。

第二，让老大参与到你整个胎教的过程中。我每次产检完，都会跟开心说，你看，你当时在妈妈肚子里也是这样的，我想象着你的样子，都会高兴地笑出声来。每天晚上睡觉的时候，我都让开心趴在我的肚皮上跟可乐说句话，她总说"晚安，可乐"。有时候还在我肚皮上亲一口。对了，可乐的名字就是开心取的。刚开始的时候起了一堆不靠谱的名字，什么小蘑菇、小雪糕、小女生。最后终于起了这个还算靠谱的名字。我播放音乐的时候，会带着开心跳舞。记得我怀孕七八个月的时候，还抱着开心坐在我肚子上跟她玩呢！开心喜欢一本书叫《跟屁虫》，我就跟她常说，可乐以后就是你的跟屁虫，你让他干吗他就干吗，好不好？

第三，给老大更多的关注。坐月子的时候，让两个宝宝都在你身边，一边一个（如果老大 4 岁以内哈！有研究说宝宝 5 岁是比较适合分床分房的年龄）。如果小的睡了，你可以扭身搂着老大再说会儿话！让老大感觉即使有了弟弟妹妹，妈妈还是关注我的。在老二 1 岁以前，把时间多留给老大最适应。所以在这个阶段，一定要给老大更多关注，更多鼓励和赞扬，更多支持和沟通，更多包容和耐心。记得有一天晚上，开心和可乐同时哭，那是我刚忙完一大堆事情坐下还不到 1 分钟。我抱着可乐，开心说："坏妈妈，我不喜欢您了，我要去找爷爷奶奶，我要离家出走。"我当时真是身心俱疲，眼泪在眼圈里打转，我强忍着跟开心说："妈妈做错什么了吗？你能告诉我吗？"开心其实就希望我能先抱抱她。哭了 5 分钟左右，姥姥出现了，我赶紧把可乐给姥姥，我抱着开心跟开心说："这样吧！以后妈妈给可乐喂奶，抱可乐之前，都问问你，如果你同意我就去，如果你不同意，就让可乐哭一会儿，行吗？"开心高兴了，说："好，我同意您才去喂奶吗？""是的，你同意我才去！"但后来，可乐一哭，开心就说："妈妈，可乐饿了，您去喂奶吧！"我总是亲她一下，赞美她："这么好的姐姐！"其实孩子没有你想象得那么无理取闹，无非就是害怕妈妈不爱自己了。在他们看来，他们哭的时候，想抱的时候，撒娇的时候，你如果不给他们，那就是不爱他们了！

第四，让老大参与照顾老二。在老二调皮捣蛋的时候维护老大的权威，在两个人发生争执或动手的时候，让老大去解决问题（只要没有安全隐患或生命危险）。两个孩子一定会发生各种你意想不到的状况，这时可以让孩子们自己解决问题。他们有的是办法，你需要做的是容忍他们鬼哭狼嚎，大喊大叫，你推我搡，你只需要袖手旁观。如果你实在忍无可忍，就轻描淡写地说一句“我觉得你们一定还可以想出更好的解决办法”。开心从刚开始看到可乐爬到正在搭积木的她身边就开始大喊大叫，到现在心平气和地跟可乐说：“你破坏吧！我同意了！”这就是她想出来的方法，我觉得很赞！

第五，发挥好老爸的功能。一人一个 PK 呀！但不是固定老妈就负责老二，老爸就负责老大。随时交换的哦！如果老大是妈妈带的多的，这个时候妈妈还是更多关注老大，但爸爸要经常带老大出去玩，留给妈妈稍稍休息的时间和跟老二亲近的时间。别总想着亏欠了谁！想当初我是怎么陪老大的，现在只有一半的时间给老二，总想着补偿，结果是老大觉得委屈，老二也没得到踏实的安全感。不管你陪谁，全心全意就够了，时间长短都不重要。老爸这会儿非常非常重要！你要不想看到老婆的死鱼眼，不想一进门就挨训，不想一进门就抱着哭得满脸鼻涕的老大，不想被老婆踢到沙发上睡，就长点心吧！好好服务一下老婆，好好照顾一下孩子，好好赞美一下丈母娘！都不难的，你做得好，老婆好，孩子好，家庭兴旺，你更好！

两个孩子确实多了很多事情，这需要全家总动员！要想收获，需要先耕耘。不经历风雨怎么能见彩虹，不想着孩子长大怎么孝顺我们，只想着我们尽力了就好！放松，一切都会好起来的！

让家不再伤人

很多情感专家都讲夫妻关系，而且百讲不厌。因为这确实很重要！以前说男怕站错行，女怕嫁错郎。多少夫妻的小船说翻就翻，而且有了孩子之后，夫妻反目的也不在少数。我简单地分析了一下原因：

1. 妻子的重心完全放在孩子身上，没有像以前那样关注和照顾丈夫，丈夫有失落感。有了孩子以后，绝大多数丈夫还是一如既往，该干什么干什么，完全照顾不到妻子的情绪，自然也不能给予妻子更多的关心。女人这边累没人倾诉，气没人来顺，所以也难免唉声叹气。男人也觉得委屈，自己并没做什么呀，为什么妻子会抱怨连连，这时候如果外面再阳光普照，那也就难免心猿意马。两个人长期没有共同语言，没有沟通交流，没有身体亲密，久了，就会想分开了！

2. 家里多了一个孩子，意味着多了至少两个人，多了 3~4 种关系要处理。无论是婆媳矛盾，还是丈母娘和女婿的矛盾，都离不开各种关系，有的老夫妻俩吵了一辈子，如今转战到女儿儿子家继续吵。关系是人的本质，我们都活在各种关系中，无法逃脱，只能想着去处理好这些关系。然而我们绝大多数人都不具备处理多种关系的能力。我个人认为，想要处理好各种关系，个人修为是第一位的，其次是智慧，最后是技巧。人容易被情绪控制，关系中到处都是情绪。我们没有能力在面对不同关系时转换情绪。一个总是挨姥姥训的妈妈，面对自己孩子的时候很可能也是板着脸，无动于衷；面对自己老公的时候，本想发泄，但看到老公带着一脸的怨气，就只能憋回去。既没有参透的修为，也没有智慧让自己不生气，同时又缺乏释放压力的技巧，结果就可想而知。我们处理自己情绪的能力太差，处理复杂关系的能力更差！（所以，现在才有那么多的灵修班。）

3. 我们总是不能从原生家庭中跳出来。尤其是在中国这样一个亲子关系如此紧密的文化下，我们习惯用原生家庭的问题应对方式来解决问题，我们不再想改变自己去适应新的关系，因为改变太耗费心理资源。现实是，女人有了孩子以后，会变脆弱，需要更多的支持和包容，才能让各种关系处于相对无事的状态。在我做了这么多年的临床研究和个案来看，女人绝对比男人受到原生家庭的影响更大、更深，更加难以分离。心理学并不是懂了知识就可以做好的。记得张德芬老师曾经说过一句话“亲密关系是我的死穴”，但这并不妨碍她告诉我们很多亲密关系的处理方法和认知。台湾著名的情感专家、亲子教育家蒋佩蓉女士说：“离婚不是不可以，也不是多糟糕，但不要把发生在前一段婚姻中的模式再复制到下一段中，你的第二段婚姻才会成功。”女人会在很大程度上重演自己原生家庭中的关键元素，无论这些元素是她喜欢的还是不喜欢的！因为这些东西已经在她们的潜意识里生根发芽了，无须加工，自然表露。如果另一半能看到有些不好的元素，并帮助她们，同时适时地努力克制，她们就会有更好的表现的。

精神分析学派大师荣格曾经说：“每个人的身上都住着一个男人，一个女人。如果你是个男人，找到了跟你身体里住的这个女人相似的女人，那这个女人就是你命中注定的那个人！”嗅觉心理学的研究说，如果你可以闻到对方身上别人闻不到的味道，并为此而被吸引，那这个人可能就是你的意中人，说明你们的基因在某种程度上有类似之处。我一直认为，真正的伴侣，应该是可以带着对方不断朝着正确的方向成长的，两个人都能了解对方内心的需要，知道怎么爱才能滋养彼此，知道各自都需要不断地做自我的心理拓展而不是停滞不前，知道在任何时候都要支撑和保护对方，知道无论发生了什么，先关注对方的心理变化。如果婚姻是这样的，爸爸妈妈的快乐是由内而外的，发自内心的，怎么会养育出不快乐的宝宝呢？

现实生活中有这样的婚姻吗？有！不敢说凤毛麟角，但肯定不多。国家民政部统计显示：2014 年全国各省市离婚率排行榜，排在第一位的是新疆，离婚率高达 4.61‰，黑龙江、吉林，分别以 4.08‰和 4.01‰，居第二、第三位。而夫妻关系最和谐的，则是陕西，离婚率仅为 0.18‰，光荣垫底。这里的数据也只到 2014 年，最近这两年也绝对不会减少。记得王菲离婚的时候，很多人都说再也不相信爱情了。有媒体邀请我写一篇关于王菲的心理分析，我说："我不知道你们想说什么，那是王菲自己的事情，她过得很好，为什么我们要去评论她？"我们可以决定离婚，我们也可以把婚姻经营好，前提是，请你慎重地选择另一半！

在美国，很多夫妻都会做婚前的心理咨询。不是让心理咨询师去看两个人合不合适，而是通过心理咨询师的眼睛找到共同走下去的力量和信念。而在要孩子之前，她们还会寻求心理咨询师的帮助，帮助这两个人迅速适应多种关系，保持多种关系下的彼此亲密和共同成长。绝大多数人选择伴侣的时候，要么照着自己父母的样子找，要么照着他们相反的样子找，要么放任自己随意找，要么一辈子都不找。所以出现了越来越多的离婚、闪婚、纸婚、不婚。有些人是太在乎婚姻了，有些人是太不在乎婚姻了。人是有复杂和高级情绪的动物，被我们称之为"爱"的情感是最复杂、最难解释的。很多心理学家都在研究爱，到现在也没说清楚。为什么有些人能驾驭得风生水起，有些人却在所谓的"爱"中日渐萎缩呢？

我不想分析离婚的原因，每个家庭都有自己的独特性，离婚也没有对错之分，经历离婚都将是一个痛苦煎熬的过程。所以，我只想谈谈如何经营我们的亲密关系，希望我们在一开始就找到适合你的那个人。

我想，在找到Mr Right或Ms. Right之前，得先搞清楚一个问题，自己内心深处需要什么样的情感？一个小时候没有得到安全感的孩子，或者没有得到过父亲关注的孩子，极度渴望有人爱他，有人关注他。这个没错！什么才是关注呢？也许刚开始时不时地打电话、发微信或邮件你都认为是甜蜜的关注，到最后变成了分分钟查岗，你做什么都要汇报，你认为这是甜蜜的关注吗？一个女孩没有得到爸爸的认可，总觉得只要有男人喜欢就说明自己有价值，结果被当作游戏，被当作笑话。回想起曾经的12个还是20个男朋友，没有一个对你是像你对他那样，你的心会不会突然碎掉一地？那我们真正需要的那种爱到底是什么？

请你做一个作业！拿出一张纸，写出你是什么样的人？就这样：

我是____

一共写出20个你的描述。

然后再写：

我喜欢____

写出至少10条你喜欢做的事情。

接着写：

我想要____

写出你想要做还没有做的至少10件事情。

最后写跟我性格有相似的地方，跟我喜好有相似的地方，跟我追求有相似地方的人，是个怎样的人：

他（她）必须是________________________________

只列出最重要的五条就够了！（太多，估计你就只能找“在银行下国际象棋的奥特曼了”！知道那个笑话吗？）

这个练习可以不同时间多做几次，每次你都会有写得不一样的地方。它帮助我们描述自己的需要而不是想象自己的需要。说得清楚的东西，就可以操作。所以你问一个男的，“为什么爱我呀？”男的说：“我也说不清，反正就是爱。”如果你听到这句话，你一定要明白，这个男人只是“感觉中人”，还在天上飘着呢！你要接着问，说具体点。他说“善良、温柔、贤惠”。这些是几乎大多数形容女性的通用词汇，请他说出你独一无二的地方。如果他说“胸大、身材好、漂亮”，你要知道，这些词是形容明星和演员的，跟你的气质无关；同时还说明他对你的性要求可能更多。这些问题婚前问，婚后也要问，甚至有时候婚后问更重要。从对方的眼睛里看看自己是什么样子的！但最难的还是要首先自己看清自己！

亚里士多德曾经说过，认识自己是世界上最难的一件事情。而心理学家埃里克森认为，这个任务应该在18岁左右的时候就完成。知道自己是谁？想要做什么？但就我这么多年的观察和研究，中国的青少年很少能在18岁左右的时候给出一个坚定而有意义的自我同一性的认识。直到40岁即将步入不惑之年的人们，又有多少人说得清楚我要什么？知道自己想要什么和义无反顾地去追寻，还有十万八千里！想起《廊桥遗梦》，相信那也是绝大多数中国妈妈会做出的选择。

所以，为了让自己不后悔，花更多的时间和精力，搞清楚自己想要什么，这才是最赚的。

如果你们步入婚姻了，需要做：

1. 沟通（绝对不能容忍家暴，如果这种情况有一次，女方就可

以毫不迟疑地离开了，即使你已经怀孕或有孩子了。因为家暴不是偶然的行为问题，而是性格障碍）。我也见过很“暴力”的沟通，你骂一句滚，我骂一句死。见面就吵架，说不到三句话就掀桌子，摔板凳。这不叫沟通！我认为沟通是：说出你真正想说的那句话，而不是用相反的情绪或语言去表达。例如：丈夫喝酒，你担心他身体，就直接告诉他你的担心，而不是说喝死算了。

男人忙工作，女人希望他能别浪费时间在那些无关紧要的事情上，但通常会说出："在你心里，什么人都比你老婆孩子重要，我要你干吗？"我想说的是，女人常常言不由衷。但男人真是不能理解其背后的语义，这是由生理结构决定的，没办法改的！所以你看，男人通常会问："你生气了吗？"直接吧！但女人会问："你还生气呢？""我生气你不知道吗？"这样的对话是情绪发泄，发泄完一定要把背后的语言说出来。修为到一定程度的人，就是先说出来，情绪已经不再阻碍语言了！沟通不只是生气的时候，不生气的时候更应该说。高兴的时候，说情话；生气的时候，说真话。

2. 每天都保证两个人在一起“腻歪”的时间，最短也得有3分钟。各种“腻歪”，一起看电影、打球，跑步是“腻歪”；要嘴皮子，讲笑话，你拧我一下我掐你一下是“腻歪”；你抱我一下，我亲你一口，这也是“腻歪”；让孩子看到你们“腻歪”是一件非常好的事情，他会感受到自己生活在一个有爱的家庭里。有一次在公园门口，宝贝大概4岁，先下车，爸爸和妈妈随后下来，走在孩子后面。抱着就是一个亲，亲得可认真了！至少3秒！公园门口一堆人都在看，孩子扭头看到了，高兴地跑回去，我也要亲亲！3个人抱在一起亲！大家都觉得感觉好得不得了！孩子看到这种亲密，会让他更有安全感！

3. 包容。这是要有胸襟的，需要不断练习和修炼的。请先有这样的态度面对这个问题。如果不能忍受怎么办？告诉你一个方法，你俩心平气和的时候，找张纸，写出来互相不能容忍的事情有哪些，如果发生了，我们怎么做让彼此都不至于跳起来！要找到彼此的底线，不去触碰。有时候在乎一下说话的方式，在乎一下面部的表情，在乎一下手指的方向，可能情况就会有变化。剑拔弩张、一触即发的状态越来越少，你们之间的默契就会越来越多。

4. 你追我赶的成长。去了解更多科学育儿的知识，不在育儿的问题上互相牵扯精力；去学习自己喜欢或者想要了解的知识或领域，彼此补充见识；多带着孩子出去看看，游乐场要去，博物馆也要去，科技馆也别落下。有条件的，国外也可以跑跑。由外向内吸收养分，由内向外消化养分，身体的道理是这样的，心灵的道理也是这样的。人的内心没有养分时很快就会枯萎，这些养分包括意识、知识、见识、胆识。如果你有这“四识”，你永远都不会掉队。两个人要一起成长才行呦！一个跑得快，一个跟不上，是最危险、也是导致离婚最大的原因之一。所以有空的时候，别总拿着手机刷朋友圈，别总是看穿越小说，别总看宫斗剧。学点有用的知识，提升下专业技能，比啥都管用。

特别想说，别总是忘不了原生家庭带给你的伤害，那已经是历史了，无法改变。你不能重新选择父母，也不能重新走过童年。你要做的是过好现在的生活。跟你一起走下去，可以滋养让你快乐幸福的，是你的丈夫或者妻子，不是孩子也不是父母。经营好自己的婚姻，让我们在有生的年华里活得更加精彩！

糟糕的婚姻比离婚更可怕

说起单亲，是一个特别沉重的话题。但在离婚率越来越高的今天，这同样是一个不可回避的问题。离婚并没有对错，我们应该尊重每个人的选择。只是离婚前需要想清楚三个问题：

离婚的客观原因是什么？我做错了什么？

我是否明白自己在婚姻中的需求？这种需求是自我可以满足的还是需要借助他人满足的？

我在下一段婚姻中是否可以避免重蹈覆辙？

如果你可以清楚地回答自己的问题，你也会想到接下来怎么做，那么 OK！

很多专家都说，父母离异会带给孩子毁灭性的伤害。很多研究表明，单亲家庭的孩子容易抑郁、自卑，甚至走上犯罪的道路。所以很多家庭，不管夫妻俩在一起多么痛苦，为了孩子仍然坚持着。盼着孩子上大学离开家里的时候，似乎就解脱了！我认识的一对夫妻，在孩子上幼儿园的时候就打算离婚。孩子上小学的时候把他送到寄宿学校，然后两人约定，孩子回家的时候，两个人就是好夫妻，好父母；孩子走了，两个人各自为政，想干吗干吗，都可以在外面谈情说爱。一直到孩子上大学，都是这种相处模式。真是自以为聪明的父母！他们的儿子长得很帅，一米八的大高个，却是一副弱不禁风、人见犹怜的样子。从高中开始谈恋爱，他就一直属于那种被女孩追的男孩（因为从来不拒绝，我现在想来是因为他一定是感受到父母之间虚情假意的感情，他需要真正被爱的感觉）。从小学习手风琴，在全国比赛中也得过奖。按理说才气不输人，家境也不错，可工作一个接一个换，曾经还当过演员；女朋友也一个接一个换，直到40岁才安定下来。后面只是听说的，但我想想也知道，装出来的恩爱对孩子来说也许比只得到一个人的爱产生的破坏性影响更大。也有研究表明，父母长时间吵架比离婚带给孩子的伤害更大。一个快乐的母亲才能养育一个快乐的孩子，妈妈快乐与否，孩子是可以感受到的！所以，如果你决定了离婚，并且坚信离婚可以让你真正快乐起来，那你需要再回答三个问题：

你们怎么跟孩子说这件事情？

你们怎么继续保证对孩子不变的爱？

你们可能会做什么伤害到孩子？

很多妈妈跟我聊起离婚，最放不下的就是孩子。十月怀胎，各种呕吐，睡不着觉，翻不了身，吃不下去东西，把不住尿。好不容易盼到生产，还是顺产，据说疼痛是如同时断九根肋骨一般。剖腹产虽说打麻药，可后面的疼也真得咬牙才能坚持（都说生第二个就不疼了，我真想说，那是胡说！疼是一定会的！绝对不会减少！生产的时间长短可能跟生第几个宝贝有关，但更重要的还是取决于妈妈的身体状态和孩子的发育情况）。产后，宝贝吃奶，妈妈乳头被咬烂，还要忍受子宫收缩的疼痛。加上中国人坐月子的传统，真是折磨人。从此，妈妈再也不可能睡一个整觉了。心理学上曾经做过一个“极度残忍”的实验，叫作感觉剥夺实验。捂着眼睛，塞着耳朵，极其简单的食物，少量供给（维持生命），不让睡觉。很多被试坚持两天就受不了了，能坚持 7 天的最后跟踪发现出现了很多心理问题，例如抑郁、躁狂、情绪失控、问题行为等。可以想象，每天都不能睡觉，一次睡眠时间常常不到两个小时，人的情绪怎么可能会好？

可乐在预产期推迟了将近一个礼拜后才姗姗而来，医生说孩子在羊水中泡得太久，鼻子水肿了。月子里一次最长的睡觉时间不超过一个小时，常常 10~20 分钟就醒一次。晚上我右边还躺着开心，被可乐闹醒了，也会哭，也需要我抱抱。我常常早上起来，坐在床上，披头散发，睡眼惺忪，异常沮丧，有时候还哭着说：“自己好失败呀！”有时候真想骂人：“什么时候是个头呀？”可妈妈们都知道，这才哪儿跟哪儿呀，这只是万里长征第一步呀，还有二万四千九百九十九步呢！从此宝贝一哭一笑，一叫一闹，无时无刻不牵挂着妈妈的心。尤其是孩子生病的时候，妈妈的心都快碎了！

这样养起来的心头肉，怎么舍得去伤害呢？

可如果夫妻之间感情不好，对于妈妈来说真的是极大的心理摧残。据统计，女人产后的第一年是离婚率最高的一年。我想最重要的原因就是女人的劳动量增加了10倍，却没有得到10倍的支持，最好的情况也就得到1倍吧（从整体上来说，不排除有个别非常愿意带孩子的爸爸和疼媳妇的老公）。所以，离婚不是最坏的选择（最近看了一些研究，说我们都高估了父母对孩子的影响，其实同伴之间的影响会更大些。我觉得这个事情得两方面看：第一，不同年龄段，父母和同伴的影响重心会有变化；第二，每个个体都有自我修复的能力，遭遇挫折会让很多人活得更好）。糟糕的婚姻比离婚对孩子的影响还要大！我尊重每个人的选择。所以说说我提出的后面三个问题怎么来面对吧！

第一，我们怎么跟孩子说？

所有的孩子都会认为，爸爸妈妈分开是自己造成的。因为我不听话，所以惹得爸爸妈妈不高兴，他们就分开了。在他们的小脑袋里，爸爸妈妈和自己是一体的，分开对他们意味着不能同时拥有爸妈的爱。所以，决定分开，一定要跟孩子讲讲这事。即使宝宝只有3岁，他们也可以理解很多感情。最好由妈妈说："宝贝，妈妈和爸爸之间出现了一些问题，以后不能住在一起了，这不是你的错。爸爸妈妈会像从前一样爱你，只是有段时间是妈妈陪着你玩，有段时间是爸爸陪你玩。你可以选择跟着爸爸或者妈妈住！"我建议，孩子在7岁前，如果父母离婚，孩子最好跟着妈妈；如果7岁后，可以让宝贝自己选择。

第二，我们怎么保证对孩子不变的爱？

离婚是两个人的事情，跟孩子无关。但孩子是夫妻两个人的，离婚后，仍然要保证陪伴孩子的时间和跟孩子在一起快乐地交谈，快乐地去谈论另一方。夫妻双方要保证心理的健康，慢慢释放原来的抱怨、愤怒和悲伤，让自己快乐起来，重新开始新的生活。一个妈妈哭着跟我说："我们准备离婚，我想问问到底会对孩子产生什么影响，是不是很糟糕？当我问及两个人在离婚后会对孩子做什么的时候，宝妈说孩子爸爸说我们离了婚就是仇人，不可能一起带孩子玩；如果我 3 天不在家，他就要回抚养权（宝妈工作需要出差）。"说到这里她已经泣不成声了。宝爸当时也在，急忙辩解："我没说是仇人，我挺喜欢她的。"我更相信这样的话一定是在气头上说的。因为两个人没有解决好各自的问题，所以难免会把各种情绪放到处理孩子的事情上。我当时说："先不说离婚对孩子的影响，先说你们如果必须离婚，之后的关系怎么处理。如果你们是仇人或陌路人，对孩子的影响是最糟糕的；如果你们是朋友，还可以互相交流和沟通，那对孩子就不会有太糟糕的影响；如果你们可以做比较好的朋友，那离婚并不会影响孩子的发展。"孩子本身有自我修复的能力，他们除了受到父母的影响，今后还会受到同伴和老师的影响。所以，并不是所有离异家庭的孩子都会很糟糕。但这个前提是，父母在处理夫妻关系时是成熟的而不是幼稚的；是成长的而不是退行的；是平静的而不是怨愤的。如果是这样，那父母对孩子爱的内容没有变，只是形式发生了改变。

也许你没有遇上那个你想再爱一次的人，没有关系，善待自己，经营好你自己的生活，雕刻好你跟孩子在一起的时光。约定好，怎么陪孩子玩？多长时间交换一次？一些孩子的想法和习惯，要提前做沟通。再决定重组家庭的时候，要跟孩子提前做好铺垫，跟他们一起讨论即将进入你们之间的这个人，听听孩子是怎么想的（尤其是 7 岁以上的孩子，对他们的尊重非常重要），做什么会让你的孩子不高兴。我的建议是，如果再婚不要急于领证或天天待在一起，各自留下空间，尤其是留下孩子和自己亲生父母一方在一起的时间，重新建构亲子安全感和依恋的时间，让孩子适应新的家庭结构是很重要的。

做一个处理孩子情绪的高手

有一天晚上，开心跟爸爸坐在床上，我在外面忙事情。突然听到开心特别大声地哭起来。她爸爸安慰了一会儿，没有见效，他就跟开心说："我们去找妈妈帮帮忙吧！"我听到了，但等了一会儿才过去。这个过程中，开心哭声开始减小，可没过一会儿又开始大哭。我上床搂着开心问："怎么了？"开心一看到我，就哭得更伤心了！

"妈妈，我摔倒了，我哭的声音很大，老师都没有来看我！朱 ×× 是我的好朋友，可是我摔倒了他都不过来扶我，还在那里玩，他明明比我小，可他总是叫我小妹妹，我的好朋友都不跟我玩，一个人玩好孤独！他们都不理我！我叫他们，他们也不理我！"结果越说越伤心，后来就大哭起来！

其实这段话里，至少要说四件事情！我就跟她一个一个对话！

"你哭时老师不过来的事情发生过很多次吗？"

"也没有，很少发生这种状况，我哭了，我们班同学看到就去叫老师了，老师就过来了。"

我想，这个事情肯定是有发生过，但应该不是像开心形容得这样悲惨。这件事说明，孩子有情绪的时候，尤其是情绪比较激动的时候，他们会说一些并不是真实发生的事情，或者发生了但没有那么严重的事情。这不是撒谎骗人，因为他们小，很多时候分不清想象的世界和真实的世界，自然给很多事件增加了自我的解读。说出来就变味了！

确定这个后，我问："你需要我去跟你们班的老师讨论一下这个事情吗？"

开心点点头说："嗯，我想您跟我们班马老师说说，以后如果我哭了，我希望她能到我身边来。"

"好的，我明天早上送你去幼儿园的时候，我就跟马老师说。现在感觉好点了吗？"

"可是，朱 ×× 他不跟我做好朋友了。"说到这里又开始放声大哭了！

自然过渡到下一个问题！

"我每次都按照他说的去做，但我让他按照我说的去做的时候，他都不做，他还是我的好朋友呢。我哭的时候，他都不过来扶我，还跑到一边去玩。"

"告诉你一个秘密，明天朱 ×× 就会跟你继续做好朋友，你只需要好好睡一觉！"

开心半信半疑，不知道该相信我还是不相信我！

"不会的，他们都不想跟我玩，我告诉他们那样是没有礼貌的，可是他们还是不跟我玩，一个人好孤独呀！”

“你希望跟他们一起玩什么？他们喜欢玩的你也喜欢玩吗？”

“我不喜欢他们玩的，我喜欢玩的他们不跟我玩。”

“原来是这样，可是我觉得他们只是不喜欢某些游戏，而不是不喜欢你！今天上午妈妈带着可乐在幼儿园门口看你的时候，你们班很多同学都跟我打招呼，我想这是因为他们喜欢你！”

“明天真的就好了吗？他们会继续跟我做朋友了吗？”

“是的，请相信我，明天就会好的！睡吧宝贝，你哭得鼻子都不透气了！”

“好吧！”

我为什么会这么说？我要给孩子一个新的理解这个事情的角度。心理学上称为“心理理论”，就是孩子到了可以理解别人情绪的程度。她开始理解，很多人有情绪不是因为自己做错了什么，或者因为我不可爱，而是因为其他的问题、其他的事情，跟自己无关。当她可以慢慢理解自己的情绪，理解别人的情绪，她就可能会越来越好地管理自己的情绪！

你会问我，你怎么知道说明天一切都会好呢？

因为孩子情绪一个很大的特点就是短暂性，不在一起和在一起都是随意的，不是“蓄谋”的。而且专注力的时间本来就短，说好就好，说翻脸就翻脸。很多时候，是我们把问题夸大了，因为我们想多了。我们联想到孩子如果没有朋友了怎么办？孩子不喜欢幼儿园了怎么办？孩子不能跟人正常交往了怎么办？孩子受委屈了以后怎么办？我们想得太多了，我们把事情想得太严重了，所以很多妈妈对这样的事情很焦虑。大可不必哈！

情绪无所谓好坏，心理学上会把情绪分为积极情绪和消极情绪。这两类情绪对人都有好处。消极情绪的好处是提醒我们关注情绪背后的需求是什么。所有的心理咨询师都是在了解来访者内在的心理需求，通过情绪去了解是最好的方法。情绪先于语言和行为发展，胎儿从7个月大的时候就有表情了。宝宝出生后第二个月，就会出现互动式的社会性微笑，这就是最早的亲子之间的沟通方式。所以，情绪是一种沟通方式，任何情绪都在表达一种需求，希望被亲亲的需求，被关注的需求，拉臭臭的需求等，如果你仔细观察，你就能解开情绪密码，找到孩子背后的需要！

近些年来，情商的概念越来越被关注。很多例子都证明，智商高并不是成功的要素，甚至可以说智商平平的人，成功的可能性比那些高智商的人反而更高。成功的决定因素就是情商！简单说，情商包括情绪的表达、控制、调节和共情。

孩子表达所有的负面情绪，只有一招：哭！他们哭就像我们不停地说话，非得把憋在心里的都说出来一样，不说就不爽。所以，孩子哭的时候，要听得了哭声！很多时候，父母听不了哭，爷爷奶奶，姥姥姥爷更听不了。为了不让孩子哭，只能孩子说什么就是什么！要么就严厉批评，不许哭！把人家给硬生生地堵回去了！除了哭，大叫也是情绪的表达，尤其是非常兴奋和愤怒的时候，叫的声音可以刺破耳膜，这也是我们很难容忍的。所以，孩子一叫，我们赶紧喊停。你看，中国人就特别隐忍，结果就特别多病。所以，要允许孩子哭，允许孩子叫。当然不是允许他们无休止地哭，无休止地叫。最好的办法是跟他们身体接触，抱着他们或搂着他们，慢慢安抚。不要讲道理，不要瞎批评，不要多说话，静静地搂着就好！

有关情绪的绘本特别多，跟孩子一起读一读，教会他们识别情绪，认识不同情绪会带来什么影响，了解每种情绪背后他们希望表达的需要是什么，告诉他们还可以怎么表达这种需求。例如，愤怒的时候除了大喊大叫，大哭大闹，我们是不是可以跑两圈？或者拿着枕头之类的软东西扔一扔？或者把想说的话对着你最喜欢的泰迪熊说一下？这个时候，我们就在帮助孩子学会控制和调节情绪。

其实，儿童自己就有调节控制情绪的能力。一个研究设计了这样一个场景，妈妈跟孩子说“你最喜欢的小狗被Tony拿走了”，有些孩子放声大哭；有些孩子说“他是不是一会儿就会还给我？”有些孩子说“妈妈，他没有经过我的同意就拿走我的东西，是不对的，你能帮我拿回来吗？”还有孩子到处去看，一边找一边说“你骗我吧”；还有孩子想了想，忍住泪水说“那好吧，我先玩别的，别给我弄坏就行”；还有些孩子问“他拿走我的玩具，那他有没有留下一个他的玩具给我？”这些都是孩子在做情绪的自我调节和控制。他们找到各种理由让自己不要那么难过，这就是高情商的开始。在平时的教养中，爸爸妈妈要多给孩子提供不同角度对问题的看法和观点，教会孩子学会正确的归因。

最近有一档很火的电视节目——马东主持的《奇葩说》，对任何辩题的态度都是一样的，无所谓对错，只是给大家提供不同的解读视角。我仔细看了一期，觉得所有人的争论点无非就是对概念的理解，你说内涵，我就说外延；你说内涵的 A 面，我就说内涵的 B 面。这启发我们，在对孩子讲一种概念或让孩子学习某一种知识的时候，学会用不同的语言方式，不同的阐述角度，跟孩子去讨论。让孩子学会质疑，学会探索，学会自圆其说。开心想吃什么东西的时候，总是会有一大堆理论告诉我这个吃了对皮肤好，有助于排便，甚至吃了会让人愉快（譬如吃雪糕）。有时候听得你都想笑，但我还是很赞赏她这么去想。3 岁以上的孩子非常容易在概念或对某种事物的认识上跟你争论，发脾气，生气，觉得自己说的就是对的。允许他们提出自己的想法，允许他们质疑你的观点，不但可以帮助孩子舒缓情绪，而且还培养了孩子的自主性。

对于孩子的情绪和调节，还需要说几句。第一，爸爸妈妈是榜样，我们不要在情绪上无原则、无底线，想吵就吵，想骂就骂，那可就惨了。我认识的一个妈妈，从来都是大嗓门，对儿子天天喊要打死他，等儿子长大了，到处打砸抢，父母天天跟在屁股后面掏钱买单。他们把孩子也真往死里打，结果越打越坏。父母不能控制好情绪，孩子肯定控制不好。第二，当孩子努力做出调整的时候，一定要给他支持和信心。一天晚上，一位朋友带了些吃的来家里。开心非常想吃，可是知道我有规定，睡前不能吃任何食物，何况已经刷完牙了。她开始想哭，但又不敢哭，脸都快拧变形了，我赶紧说："我相信开心一定能忍住不吃，你是说到做到的孩子。"开心哭丧着脸说“好吧，我试试看”。

有人担心说，我们总是赞美孩子会不会惯坏了他们？我们总是赞美他们会不会让他们不能忍耐挫折？

如果我们的赞美是针对他们努力去做的事情，那就不存在惯坏的问题。如果我们的赞美让他们一次比一次做得好，那就不存在过度自信而不能忍受挫折的问题。所以，赞美孩子努力付出后的行为是最有价值的！孩子所有勇敢的尝试，包括一切他们希望做的事情，所有克制的冲动和哭泣，所有专心的阅读和游戏，所有试图交往的分享和退让，我们都应该给予尊重和赞美！

每个人都是活在情绪里的，因为每个人都有需要。情绪背后就是某种满足了或没有满足的需要。孩子的很多需要都没有得到满足，所以他们情绪的变化更快。加上神经发育的不完善，控制能力本身就很低。所以经常看到孩子前一秒泪流满面，后一秒就眉开眼笑。教会我们的孩子认识各种不同的情绪，教会他们表达此时此刻的感受，教会他们用不同的角度解释遇到的问题，教会他们用更多的方法赶走负面情绪而不是苦苦压抑。

尼采说：“每个人都是注定走向孤独的。”我想说，只要有情绪我们就不会孤独。对于孩子，让他们释放情绪，感受情绪，给他们尝试各种情绪的机会，让他们了解自己情绪背后的需要，这是最好的提高情商的方法。所以，千万不要害怕孩子哭，他们悲伤、愤怒、害怕、惊恐、平静、喜悦，都有极大的意义。我相信，所有的成长都是跟各种情绪混合在一起的，有情绪，才有成长！

养育迟缓型的孩子

拖沓，也叫拖延，发展到拖延症就比较麻烦了。我在临床上见过很多大学生、博士生甚至已婚人士，因为拖延症把自己和身边的人都折磨得够呛。我的一位师姐读了5年博士，因为总是拖着不想写博士论文，原本3年的学制拖到了5年，到最后期限也没有完成论文。每天都订计划要写博士论文，但每天都在韩剧中蹉跎岁月，5年的青春就一去不复返了，结果一无所获！这样的拖延症还影响到她择偶，总是想得比做得多，想想就放弃了，挑来挑去，直到快45岁了，还是单身，美其名曰："这样的生活也很好！"

人活着都在寻求相互支持，当我们不能获得亲密关系支持的时候，只能寻求其他途径的满足。这位师姐把所有挣的钱都花在了两个弟弟身上（这两个弟弟是标准的啃老族，一事无成），有多余的就独自去旅行。当然人各有志，我只是想说，原本她的生活可以更精彩！

成人有拖延症害人不浅，小孩磨蹭或拖沓，是不是就一定会发展成拖延症呢？这不见得！先让我们来了解一下拖延症吧！

拖延症的临床表现是凡事喜欢拖延，拖延之后又有强烈的自责情绪和负罪感，每次都下决心改正，每次都以失败告终。对于孩子来说，他们没有觉得自责或羞愧，除非我们总是批评他们或者对他们发怒。他们也意识不到自己是在拖延，看上去只是做的比你说的慢一点而已。但你要知道，孩子的神经还没有发育成熟的时候，动作跟不上节奏那是再正常不过的事情了。何况我们在教育孩子的问题上总是显得很着急，生怕慢一点或者错过什么就将导致失败似的，天天喊着不要输在起跑线上！我想说，真的有这个起跑线吗？

每个人从出生就注定是不同的。身体素质不同，基因表达不同，养育环境不同，父母教养方式不同，家庭氛围不同，太多不同，怎么可能给孩子一个共同的起跑线？如果你想的是其他孩子知道的我们家孩子至少也应该知道吧？其他孩子会的我们家的孩子也应该会吧？这些都属于学习能力范畴，现在的孩子都不缺乏学习能力，但如果没有学习动力，一切都是无用的。有些宝贝尽管很慢（相对于父母的要求而言），但不代表着他没有学习，也不代表他学习的速度慢，只是展现出来需要的时间长而已。我们的孩子都是独一无二的，不需要跟别人雷同。试想如果所有的孩子都长一个样，你不觉得可怕吗？

所以，如果你遇到一个慢性子的孩子，请不要责怪他，这是有遗传影响的。如果生理上没有问题，再看看是不是孩子一出生就表现出慢半拍的状态，如果是，那说明孩子本来的气质类型可能就偏抑郁质或内向（这里的抑郁不是病，是一种气质类型，林黛玉就是典型的抑郁质性格。内向和抑郁质的人，内部操作的语言较多，就是自我对话时间长，不善于与他人交流沟通，但不会影响他们的学习能力）。那在后续的教养和与孩子的互动中，家长就要给孩子更多的时间，学会耐心等待。

一位妈妈专门让我看看她的儿子，孩子当时 2 岁，只会叫妈妈爸爸，其他都不说；玩的时候就喜欢一个人重复玩一样游戏；做不好事情的时候，譬如想去拿钥匙开门但打不开，就会躺在地上哭，妈妈抱起来很快就能好。我观察了孩子的眼睛，两眼的距离有点远，黑眼珠不在眼睛中间。我问妈妈是什么原因。她说可能和孩子 6 个月以前躺床上看床头绑的气球导致的（我见过比较多的这样的事情，在床头绑个东西让孩子一直看，结果把孩子看成斜视了。所以，孩子 6 个月前是视力发展非常重要的阶段，切记不要让孩子盯着一个东西看的时间超过 5 分钟。要经常变换注视的玩具，并练习宝宝视线追随移动物体的视觉追踪能力，可以防止孩子出现斜视和视觉发展受损。对于有遗传近视的孩子，我们需要给予一些特殊训练）。另外，双眼距离过宽可能是唐氏综合征的一个表现。排除生理原因，我发现这个宝宝几乎不怎么和别人有眼神交流，看别人的时间很短，眼神随即就转到妈妈身上了。大家都知道，小孩子是很喜欢看人脸的，他们会盯着别人看很久。这个孩子的妈妈是非常有耐心的，经常陪伴孩子，我排除了孩子过度依恋妈妈的原因是缺失安全感。也可能是孩子与外界接触太少，还有较多的陌生人焦虑。我看了爸爸跟孩子的互动，爸爸也很主动，只是孩子要妈妈的时候，爸爸就将他递了过去，而没有采用其他策略跟孩子继续互动。妈妈虽然很疲惫，但面对孩子的状态一直是非常积极的。我又问了孩子会爬的时间、会站立的时间和走路的时间，与同龄孩子相比稍显滞后。问题出在哪里呢?

母亲怀疑孩子是自闭症。研究表明，自闭症儿童与发育迟缓儿童的不同在于，在 1—2 岁，自闭症儿童的目光接触逐渐减少、非典型性情感表达（如缺乏社会性微笑、异常的面部表情、易怒、敌对情绪等）逐渐增多，而发育迟缓儿童仍然维持在之前的水平，2 岁时发育迟缓儿童的目光转移和社会参照能力有所提升，但是自闭症儿童很少改变。同时自闭症儿童还表现出对同伴兴趣低、不愿意分享、缺乏共同注意行为和非言语沟通行为。研究还表明，重复行为并不是区分自闭症儿童和发育迟缓儿童的标志，原因在于，重复行为不是自闭症特有的，在其他发育障碍中也可能存在。研究者对 1—2 岁的自闭症儿童和发展迟缓儿童的对比研究表明，他们的重复动作水平相同，都比正常儿童表现得更加频繁。但对自闭症儿童和发展迟缓儿童的长期跟踪对比研究表明，自闭症组的重复动作更多，持续时间更长。

最后我认为这个孩子就是那种典型的迟缓型儿童（心理学家根据养育难度把儿童分成三类：容易型，大概占 40% 左右；困难型，占 10%；迟缓型，占 15%），他在身体发育、说话、社交和动作发展方面都比同龄孩子缓慢，至少会延缓半年甚至一年。这对于任何一个母亲来说，都是极大的心理煎熬。我很佩服这位妈妈，她一直给孩子耐心的引导和温暖的笑容。我相信别的孩子会的，这个孩子也都可以学会，只是会慢一些。这就是孩子的性格特点，会影响到他今后所有的学习、生活。孩子现在两岁半了，看上去像一岁多的孩子。前两天遇到这位妈妈，妈妈高兴地说孩子已经有很大提高了，可以跟其他小朋友一起玩一会儿，可以说出 3 个字的语句，可以跟妈妈和爸爸进行更长时间的眼神接触，有了更多的情绪反应。真是太高兴了！我也为这位妈妈感到骄傲，我相信这位宝宝今后还会表现出更多自我内在向上的成长力量，会越来越好！养育迟缓型的孩子会比较费劲，妈妈爸爸都需要投入更多，希望爸妈之间多一些相互支持和理解，陪伴孩子一起成长。

迟缓型的孩子，有可能是智力发展滞后导致的，也有可能是气质类型决定的，还有可能是父母养育的结果。

脾气急的父母总是催孩子做事情。孩子如果做到了也没有任何支持和鼓励，做不到就会挨训甚至挨打，通常这样的孩子会发展出一套应对方式，就是：我故意听不到您说的，也不去做您说的，无所谓做到做不到，您就不能批评我。结果父母越说越多，越说越快，孩子越来越慢，越说越少；如果有一天你不催促了，孩子反而会去做了。对于这类迟缓型的孩子，我们要做的最重要工作是重新建立起跟孩子之间的联系，把催促的、不耐烦的、不待见的表情统统抹去，跟孩子一起制定做事情的规则，一起做事情，一起重新养成良好的时间观念。例如，有些孩子早上不起床，出门各种不配合，不穿衣服，不穿鞋，或者别人用 2 小时写完作业，他们用 4 个小时还做不完，一会儿学一会儿玩。

还有一种迟缓型的孩子特别用功，但效率极低。怎么办?

1. 用让他们能兴奋的事情奖励他们，频率前期要快，后期放慢。

2. 把他们不愿意做的事情游戏化、动作化，动手才能动脑。

3. 留出足够的时间让他们预热，不要做赶场子的事情。

4. 减少唠叨，看着孩子的眼睛，认真地说一遍，确保孩子听懂。

5. 少用惩罚，多用鼓励。

6. 如果他们不做，陪着他们一起做一遍，而不是看着孩子做一遍。

心理学上一个有趣的研究发现，男孩子最害怕唠叨的妈妈。所以为什么在婚姻中也同样会出现这样的问题，女人一唠叨，男人就着急。着急的表现要么是大吵大闹，要么是摔门就走，要么是默不作声。

迟缓型的孩子，不一定是糟糕的孩子。不要人为地让你的孩子从迟缓变成拖延，改变“着急上火”的亲子沟通模式和教养方式。慢慢养，不着急！很多迟缓型的孩子，只是动作慢，但思维的创造性和灵活性并不差。所以，不要担心孩子动作慢就一定比别人学习差，要接纳孩子的个性，帮助孩子找到适合他的节奏。

与自闭症孩子同行

自闭症（Autism），又称孤独症，是一种由于神经系统病变引起的广泛性发育障碍，其症状主要表现为社交沟通障碍以及重复行为和特殊兴趣。自 1943 年美国儿童精神病学家 Kanner 首次提出自闭症，自此自闭症逐渐在世界范围内引起广泛关注。近年来，自闭症的患病率呈急剧上升趋势。20 世纪 80 年代，自闭症的患病率为 0.3‰~0.5‰，2000 年上升至 6.7‰。2014 年 3 月，美国疾病控制与预防中心（The centers for disease control and prevention，CDC）发布的最新数据表明，美国 8 岁儿童中自闭症患病率已经达到 1/68（男 1/42；女 1/189）。中国目前还没有开展大型的白闭症患者流行病学调查。

自闭症病因不明，会持续终生，给社会和家庭都造成严重的经济负担。国内的一项调查显示，和正常儿童相比，自闭症儿童每年的抚养负担为 19582.4 元，高于残疾儿童（16410.1 元）和精神残疾儿童（6391.0 元）的抚养负担。目前教育干预和行为训练是自闭症治疗的关键。鉴于婴幼儿时期个体神经系统的可塑性较大，对外界环境的适应能力较强，给予及时、适当的早期干预可以提高患儿的适应能力和认知能力，研究者普遍认为如果能早发现、早干预，那干预后的效果会更好。尽早发现自闭症儿童并进行有效的早期干预以帮助减轻自闭症的严重程度，则可以潜在地减少患者成年后的干预支出，同时也能改善其成年后的生活质量，一定程度上减轻家庭和社会的负担。

社交沟通障碍是自闭症儿童区别于正常儿童最重要的方面，主要包括两点：一是社会情感互动存在缺陷；二是用于社会交往的非言语沟通行为存在缺陷。回顾性研究已经表明，根据儿童早期的社交和沟通行为，最早可以在 1 岁前后区别自闭症儿童和正常儿童，在 2 岁前区别自闭症儿童和发育迟缓儿童。自闭症儿童在 12 个月之前就有所表现，比如不愿意看人脸、对名字缺乏反应、无积极情感（社会性微笑）、非言语沟通行为较少；到了 24 个月时社交兴趣明显下降，比如无视他人的存在、对同伴兴趣低、更喜欢独处。

通过对家庭录像的回顾，研究者发现有部分自闭症儿童会逐渐失去已经掌握的语言和社交技能。鉴于此种现象，尼古拉斯（Nicolas）总结了自闭症的三种发病模式：“**早发型**”，即症状出现于婴儿早期；“**退化型**”，即前期发育正常，后来已习得技能退化，常伴随着社交兴趣减弱，据报道退化现象发生在 20%~40% 的自闭症儿童身上，平均发病年龄在 19—24 个月；“**高原型**”，即前期发育正常，但是随着年龄的增长，社会交往技能没有继续提高。沃纳（Werner）和道森

（Dawson）也曾针对“退化型”和“早发型”自闭症儿童进行了研究，研究分析了56个儿童1岁和2岁时的家庭录像，根据儿童的行为表现，他将56个儿童分成3组，表现为前期发育正常，后来已有技能退化，并伴随着社交兴趣减弱，即“退化组”“早发组”和“正常组”。研究发现，12个月时，“退化组”自闭症儿童和正常儿童的共同注意和发声行为相似，但是到24个月时，前者在单词使用、发声行为、目光注视和对名字的反应等能力上都下降了，而“早发组”的儿童在12个月和24个月时共同注意和沟通行为都比较少。

语言发育迟缓是自闭症患儿父母最先注意到的问题，也是大部分患儿就医的主要原因。2岁前就可以发现这一现象。尤其表现在儿童的表达性和接受性语言发展迟滞。即孩子可能明白但说不出来，同时在听到其他人的语言时也反应不过来。除了语言，重复动作也是自闭症儿童筛查的标志之一。研究发现，21个月的自闭症儿童比14个月的正常儿童表现出了更频繁的重复动作，如摇摆、蹦跳、击打物体、旋转等。12个月时，自闭症儿童和正常儿童一些动作（扔、扮鬼脸）上没有区别，而另外一些动作（旋转、视觉探索）与正常儿童已经完全不同了。

就动作发展而言，自闭症儿童在6—9个月表现出更严重的动作异常，主要包括：保护性条件反射少、不对称或不正常的动作（如爬行时身体姿势异常）、动作不娴熟（如头部控制能力和俯卧时手臂承受重量的能力、走路时身体协调能力都较弱）。但在2岁前，动作发展迟缓和重复动作都不能作为自闭症儿童和发展迟缓儿童的区分标准。他们的相似性较大，2 岁后才有更多的差别。

由于临床特点、病因的复杂性及基因—基因和基因—环境相互作用存在可疑，所以目前难以识别自闭症的易感基因。尽管如此，但研究者们普遍认同，除了基因的因素，不同的家庭教养方式和亲子依恋模式也是导致儿童出现自闭症的原因之一。研究表明，婴幼儿自闭症患者的亲子依恋类型分布分别为：A 型（淡漠型依恋）125 例（66.84%），C 型（缠人型依恋）6 例（3.21%），D 型（混乱型依恋）42 例（22.50%）。

淡漠型依恋表现为：单独与养育者在一起时，很少关注他们的行为，专心于周围的玩具；与养育者的身体接触很少，不会主动与养育者交谈，对养育者的呼唤不予理睬。不畏惧陌生人，但交往较少；与养育者分离时，不哭泣，悲伤程度小，仍然专心地玩玩具；对养育者的归来无动于衷，但没有明显的回避行为。

缠人型依恋表现为：单独与养育者在一起时，喜欢缠在他们身边，探索活动少；对陌生的人和事物拘谨、退缩；与养育者分离时，表现出反抗、哭泣、过分悲伤；与养育者重聚时，急切地寻求安慰，但是不容易平静下来，或者表现出反抗、踢打养育者的行为。

混乱型依恋表现为：这种类型的儿童对母亲有一定的身体接近或接触，与陌生人交往少。患儿在分离和重聚时行为表现缺乏目的性、组织性、连续性和完整性，混乱无章、动作刻板异常、行为不适宜甚至相互矛盾。

波斯基（Belsky）从家庭系统生态学角度研究依恋影响因素：

父母的特征、儿童自身的特点和社会环境，这三方面的因素通过不同的组合方式直接或间接地影响父母养育行为，从而影响亲子互动的质量。家庭生态系统的资源越充足越有利，儿童才越有可能形成安全依恋。

安全型依恋表现为：单独与养育者在一起时，能探索周围环境和玩具，与养育者分享喜欢的玩具；在紧张情境下，能回到养育者身边寻求保护和安慰；在养育者的鼓励下，可以与陌生人交往；与养育者分离时，有的哭泣、寻找，如果不哭泣，则表现出不安、痛苦；养育者的归来能缓解悲哀和不安情绪，能主动迎向或拥抱养育者，并很快地与养育者一起做游戏。

自闭症也是一种复杂的具有高度遗传性的神经发育障碍疾病，自闭症患者家族中有 5%~8% 的再发率，同卵双生子和异卵双生子中自闭症同病率分别为 60% 和 3%~5%，大约 20% 的自闭症病例有一个确定的遗传机制。自闭症儿童的父母也存在其他类似的自闭症特征。例如，自闭症儿童在推断自身和他人的心理状态上存在明显的不足，被称作心理理论的缺失；自闭症患者在一定程度上不能恰当回应他人的情感体验，吉尔伯格（Gillberg）称之为“共情障碍”（empathy disorders）。自闭症儿童的父母也表现出轻微的共情障碍，如不恰当的社交行为和情感缺失。这些类似自闭症特征提示自闭症儿童父母可能具有独特的性格特征，坎纳（Kanner）首次提出自闭症儿童的父母大多具有严谨的追求完美的个性，对抽象概念有着强烈的兴趣，他们似乎对与他人建立友谊缺乏兴趣。比舍普（Bishop）

等研究发现，自闭症儿童父母及其他家庭成员多具有冲动、焦虑、孤僻、过度敏感等性格特质。我国学者近期发现，自闭症儿童父母喜欢独处，且严肃、冷漠、怀疑、自私，有更鲜明的神经质性格特质，易表现出焦虑、敌对、抑郁、自我意识、易冲动、脆弱等特质。他们的共情能力也很低。

本书中我之所以想写自闭症儿童，一是因为我在临床上遇到很多父母提及这个概念，甚至也给自己的孩子贴过这样的标签；二是因为这些年来自闭症儿童数量越来越多，而家庭教养方式导致的自闭症已经成为不能忽视的原因之一了。其实我们整本书都在说家庭教养方式，让孩子有安全的亲子依恋和民主型的家庭教养方式是非常重要的。

我认识的一位母亲，对孩子过度溺爱，从来没有跟女儿说过一句重话；父亲却是专制型的教养方式，如果孩子不听话，二话不说就是一顿胖揍。孩子上小学即将升入初中的时候，看到父亲拿刀追着母亲满大街跑，突然间性格大变，把自己关在家里，不和任何人说话，情感荒漠化、孤僻、抑郁。直到最后才告诉家里人自己已经性格分裂，得自闭症了。她肯定不是自闭症，但如果持续下去，她日后如果生儿育女，那我真的不敢保证她的孩子会不会得自闭症。

在育儿这条路上，我一直说，育儿先育己。父母不成长就不可能有孩子的成长。现在临床上很多儿童的生理性疾病其实都跟家庭教养方式有很大的关系。为了让我们的孩子快乐，我们要做快乐的父母。但快乐的前提是我们在育儿路上不断地成长和精进！

孩子爱“攀比”，根源在家长

孩子也攀比吗？的确是这样。孩子从三四岁开始，在幼儿园里，或者是在一个比较固定的这种“小团体”中，就会出现攀比的心理。孩子的攀比心从何而来？或者说，父母们都是如何教会孩子“攀比”的？

有这么一种特别“心疼”孩子的父母，他们看不得自己的孩子受委屈，尤其受不了如果别人家孩子拥有比较好的玩具，自己家孩子眼馋的样子。在这种情况下，这一部分父母往往会立刻说：“走，爸爸妈妈也给你买去。”

这种无理由、快速满足孩子的方法好不好呢？其实孩子对于别人家的玩具，多数情况下只有两天的好奇心。父母给孩子买了那个让他眼馋的玩具后，也会和许多其他玩具的命运一样，很快被孩子丢到脑后去。而且，无原则地对孩子进行物质上的满足，只会让孩子觉得一切都是理所当然的，别的孩子有的，自己就应该立刻也要拥有。更重要的是，父母如果总是以这种举动去回应孩子，无疑向孩子确认了一种观点：别的孩子的玩具，似乎比自己的好；父母给我买了，我心里才能平衡，没有买，我就会觉得被别人比下去了。

因此，单就孩子眼馋别人玩具的问题，妈妈完全可以引导宝宝尝试与别的小朋友沟通，提出分享玩具的要求。如此，可以帮助孩子锻炼社会化交往、分享的能力。

针对特别容易“心疼”孩子的父母，我想说的是，攀比不是不可以。一定程度的比较心理，可以帮助我们的孩子在未来更具有竞争力，关键要看怎么比。

首先就是要比目标，不要比物质。

如果仅仅是从物质上来比，只能养出片面追求物质享受的小孩。比如孩子读了书以后，哪个同学买了什么品牌的衣服，哪个小伙伴经常去吃什么好吃的，这些情况都会很轻易地刺激到孩子的攀比意识，若父母不能立即满足或者能力达不到，就会引起孩子的负面情绪甚至是问题行为，如偷窃等。

如果能够引导孩子，往更为健康的、向上的、有助于孩子成长的方向去比，则是对孩子有益的。比如，跑步看谁能坚持得久，写字看谁更工整，家务活看谁做得漂亮，谁能解答某一个难题之类。

所以，心疼孩子，也要讲究方法。尤其在这个物质化的世界里，不是每个孩子都有个富爸爸，而孩子走入社会后，将要面临各种物欲化的诱惑。想让孩子在这种复杂的环境下，仍然能够有自信、有尊严地生活，并且勇于去追求自己的人生目标，这就需要父母本身先要做好榜样，活出健康的状态来才行。父母懂得活在当下、不卑不亢，孩子才能健康成长。孩子是植物，父母就是土壤，好的土壤，才能滋养出好的孩子。

以前，我听过老人们常说的一句老话：这孩子白疼了，疼出个白眼狼来。其实不怪孩子，“疼”错了孩子，买单的最后往往还是父母自己。

其次，纵向比，不横向比。

对总喜欢拿自己的孩子跟别人家孩子比较的父母，请你纵向比，不横向比。

别人家的孩子，一直是江湖上的传说，是广大孩子们的公敌，是最熟悉的陌生人。我们的父母曾经这样对待过我们，而在我们成为父母之后，仍然有不少人在以同样的方式对待自己的孩子，于是“别人家的孩子”始终成为笼罩在自己孩子头上的阴云。这样的例子俯拾皆是。

有的父母这样问：我家女宝，见了熟人不爱打招呼，让她叫叔叔、阿姨，就是不叫，或者就跑开了，每次我只好解释说这孩子内向害羞。其实她在家挺活泼的，一出门就不敢出声儿了。看见别人家孩子伶牙俐齿的，自己家孩子在外面连话都不敢说，让我觉得在熟人面前很丢面子。

也有父母有另外一种忧虑：过节的时候，一堆朋友带着自家孩子到一块儿，很热闹。大人就爱起哄让小朋友表演个节目，别人家孩子好多都能上台去表演，比如唱个英文歌啊，跳个舞啊之类，我们家孩子啥也不会，还很害羞。我们是不是应该考虑给孩子报个班呢？

再或者我会经常接到这样的问题：罗老师，我们家孩子老是不爱读书。跟他差不多大的孩子都能开始捧着书识字了。有什么办法能让孩子喜欢上阅读啊？

类似案例还有很多。3 岁以前，父母们多在忙着比孩子的身体健康情况，比个头、谁家孩子胖和壮、谁家孩子更漂亮等，等到 3 岁往后，要比的就更多了，父母们的眼光常常放在“别人家孩子为何比自己家的更乖、更听话、更懂礼貌”之类的问题上。之所以父母们会这样，主要是他们把孩子当成了自己的所有物，他们希望孩子能够给自己带来面子上的满足。

中国人是以家庭为核心的。这个家，不单纯指“爸爸 + 妈妈 + 孩子”的三口之家，还有一个家族的意思。光宗耀祖、光耀门楣，这是传统文化对中国孩子的一种强烈暗示和期待。中国人常说，前半辈子活自己，后半辈子就活孩子了。在这样的文化背景下，孩子并不是独立的，他们背上还背着沉甸甸的家族期望。

如今，这种文化慢慢有淡化的趋势，但是很关键的一点仍然保留下来了，那就是孩子不是他自己，而是属于一个家庭的，他需要承担家庭的期望，需要捍卫父母的面子。从这个角度上说，中国孩子一生下来就很忙。

的确，有的父母以为，放大自己孩子与别人家孩子无底线的差距就能激励孩子更加奋发图强，并美其名曰：“我是为你好。”然而就是这一句“我是为你好”，就会让孩子迷路，失去自我。还有的父母认为，李家孩子跳舞，我家孩子也要会跳，还要跳得比他好；张家孩子画画，我家孩子也要成为小画家。把学习和对孩子兴趣的培养当作攀比的筹码，这就是对孩子人生的一种绑架。

盲目地攀比，也是种自卑，因为父母没能正确认识到个体生存的独特性。而且父母盲目地攀比，还在无意中把自己未达成的心愿、自己的焦虑都转嫁给了孩子。在这种压力下，孩子会逐渐在意他人的看法，有意地把自己和他人进行比较，把精力都用在了担忧或者反抗父母的粗暴和不接纳上，反而没有心思专心做该做的事，且完全无助于孩子建立健全的自尊心。那些父母总是拿别人家孩子又考了多少分来教育自己家孩子的，往往孩子的成绩会一直都难见起色。

因此，智慧的比较，不是横向比，而应该是纵向比，拿自己的现在与从前比。父母需要把目光回归到自己的孩子身上，停止无意义的比较，多一些欣赏和鼓励，孩子才会自然而然地进步。多关注自己的孩子，看见孩子自身的进步，客观评价孩子的成绩，孩子才能正确看待自己。放弃“别人家孩子”，也放过自己家孩子。不谈希望，只提建议；不提要求，只是提醒。帮助孩子认清自己，找到自己，喜欢自己，才是我们做父母该做的正经事儿。

未来需要的五种能力，孩子 get 到了吗？

为了给孩子一个美好的未来，每一位父母都恨不能拼尽全力。有的家长孩子尚未出生就买好了学区房，有的家长给孩子从早教班一路报到各大才艺班的，还有的父母甚至安排好了孩子一生的发展路线。父母如此这般，不过是求孩子的未来有个立足之本。但你想过二三十年后，世界会是怎样的吗？你现在所熟悉的一切在 2036 年很可能已经完全不同，甚至有些事物都不复存在。

作为父母，你可能每天都在为孩子遥远的未来生活做决策。而事实上，我们太多的努力充其量不过是着眼于今天，能看到三五年后已经不易，又何谈 20 年？

未来会变成什么样，谁也不知道，就像 20 年前的我们也不会想到生活会变成今天这样。

我们可以做的，只能是让孩子具备一些技能，让他可以自信地面对挑战。

学习力

从来没有一个时代，像今天这样需要不断地、随时随地地、深入广泛地、快速高效地学习。

幸运的是，孩子天然具有学习的动力和创新的想法。他们的精神是开放的，有着强烈的好奇心和创造力。不好的是，孩子的这些素质天赋并不是随时都能得到应有的鼓励。

当孩子提奇怪的问题，一遍遍问你为什么却没有得到回应的时候；当孩子对你觉得不重要的事情产生兴趣而被你阻止的时候，可能孩子渐渐就丧失了探索的乐趣。

我们必须意识到，以牺牲孩子的创造力和原创力为代价而盲目追求考试分数的教育方式已经落伍了。我们需要教给孩子的是从长远看能帮助他们取得成功所必需的东西——学习的态度、方法和创新能力。鼓励孩子的探索精神，让孩子能够在接受知识的基础上有自己的独到见解，能独立地思考问题，并发挥自身的创造力来解决问题。

语言表达力

苏格拉底说：“世间有一种能力可以使人很快完成伟业，并获得世人的认识，那就是令人喜悦的讲话能力。”

从本质上说，人与人的交往实际上就是一个不断说服和被说服的过程，每个人要么说服别人，要么就被别人说服。

如果你不想总是处于被人说服的被动局面，那么唯一的选择就是勇敢地张开你的嘴，去说服别人。一个人的说服力可以决定事情的成功或失败。

孩子认识世界、汲取知识、扩大眼界都要凭借语言进行。一般来说，语言发展较好的孩子，往往求知欲强、知识面广、智力发展也比较好。语言表达能力较强的孩子，往往思维活跃，喜欢与同伴、成人交往。语言表达能力强对孩子自尊心、自信心的建立也很有帮助。

数学逻辑力

一说起学习数学，父母可能最先想到的就是奥数或升学需求。但是孩子学数学的真正意义不是体现在应试教育上，而是体现在未来自身的脑力思维上。

正如日本数学教育家米山国藏所说：“学生在学校学的数学知识，毕业后若没有什么机会用，不到一两年，很快就忘掉了。然而不管他们从事什么工作，只有深深铭刻在头脑中的数学精神、数学的思维方法、研究方法、推理方法和看问题的着眼点等会随时随地发生作用，使他们终身受益。”

学数学是一个由简单至复杂的思维锻炼过程，学好数学能使人在很多事情处理上思路清晰、逻辑连贯，灵活运用反向思维、变换性思维等。

未来，随着数据量的爆炸性增长，会有越来越多的角色需要计算思维技能来利用这些信息，需要人具有把大数据转化为抽象概念的能力以及理解基于数据的推理能力。

适应力

适应力是一个人回应环境变化发展的能力，它需要注重主动自发、生活的纪律、乐观的态度、人际能力及心灵生活等五方面心理要素。

文明越进步，社会变迁也越快速，生活和工作的适应力就越显得重要。一个人要改变自己来达成外界的要求，改变得越快，适应力越强。

适应力强的人比一个适应力弱的人在社会上更容易立足。

协作力

合作是孩子在未来适应社会、立足社会不可缺少的重要因素。

现代社会正处于知识经济时代，团队精神在竞争中越来越重要，很多工作需要团队合作才能完成。只有能与人合作的人，才能获得生存空间；只有善于合作的人，才能赢得发展。

一个懂得合作的孩子成人后会很快适应工作岗位的集体操作并发挥积极作用，而不懂合作的孩子在生活中会遇到许多麻烦，产生更多困难并且无所适从。

著名心理学家阿德勒认为：假使一个儿童未曾学会合作之道，他必定会走向孤僻之途，并产生牢固的自卑情绪，严重影响他一生的发展。

这五个影响孩子未来的能力，您的孩子 get 到了吗？

玩具背后的心理意义

常有父母因为孩子买玩具的事头疼。在大人眼里，玩具买来是要爱惜的，那么贵的玩具买回来没玩几下就丢一边了，或者直接玩坏了，多心疼！殊不知，在孩子眼里，玩具买来就是要摔的、要拆的、要破坏的。这种认知上的错位，造成了很多亲子冲突。

父母们有必要了解一下玩具对于孩子的心理意义，否则很多玩具买回去就是浪费。

0—1 岁：能够唤醒孩子感官、满足孩子手部探索的玩具，都是好玩具

1 岁以内的婴幼儿，感官快速发展。一个玩具放在他们面前，他们会去摸、去闻、去听、去咬。所以，最好准备不同材质的“玩具”供孩子探索。譬如水、沙子、各种蔬菜瓜果或者锅碗瓢盆，以及不同手感和温度的物品。在确保安全的基础上，生活中随手可及的日常用品都可以成为孩子的玩具。

随着孩子手部精细动作的发展，他们更会像个科学家一样去探索各种事物的特性，以及发现他们能够对这些事物施加何种影响。

他们会去扔、去摔、去敲、去砸等，你只需要确保别把贵重物品和危险物品放到孩子面前就好了。

其实，我们可以看到，这个阶段适合孩子的玩具都是免费的、生活中触手可及的。

1—3 岁，玩具是承载孩子情绪和探索欲的最好对象，要简单结实经得起破坏

对 3 岁前后的小朋友来说，毛绒的填充玩具，不论男孩女孩都会喜欢。因为这个年龄段是孩子的安全感建构的关键期。

一方面，他们极度需要确认妈妈的爱；一方面，又不断承受着一次次与妈妈的小小分离以及分离带来的焦虑。所以，柔软的、有温度感的玩偶，会带给孩子心理安慰。

同样的，这个时候的小孩马上进入第一逆反期。他们的自我意识越来越强，但又越来越多地感受到挫败，于是也容易拿“玩具”撒火。

跟这个年龄段的小孩玩撕纸游戏、玩推倒积木的游戏，都会让他们乐此不疲。小家伙们会从这样的破坏中得到极大的情绪舒缓。

当然，不发脾气的时候，他们手里的玩具看起来也更容易坏掉。例如，玩具刚买到手某个部件就断了，一本书看几下就被撕烂了，一个高大上的电子玩具没两天就发不出声音了。

他们通常不是故意为之，只是好奇心驱使，他们在用直接的、甚至看起来有些粗暴的动作去进行探索和发现。

3—6 岁，玩具承载了更多社会化的因素

从 2 岁多开始，孩子们就会有抢玩具的动作了。这是孩子社会化的初步尝试。

3 岁以后，孩子们开始逐渐掌握协作的技巧，会很喜欢玩过家家的游戏，或者角色扮演的游戏。他们可能会扮演成爸爸妈妈，去照顾小宝宝；可能会扮演成医生，去给病人打针；可能扮演成厨师，去给客人备餐饭。

玩具被这个时候的孩子赋予了很多社会化的功能。孩子们借助玩具去模仿一个成人世界的样子，同样也在探索成人世界的规则。

竞技类游戏也会很容易吸引这个阶段的孩子，棋类、牌类以及球类游戏，都适合孩子玩。

当然，如果你的小孩希望拥有一件跟他的小伙伴一样的玩具，你要理解，这不是攀比，而是孩子社会化的一种需要。他们需要感受到和同龄人保持一致。所以，你可以适度满足。当然，你也可以帮孩子想办法，去通过交换、轮流玩等技巧使他自己得到满足。

有两个小建议与大家分享。

1. 不建议给孩子买电子玩具。

孩子们真正喜欢的不是玩具本身，而是操作玩具能够带给他们的变化、惊喜、想象力、力量感、成就感，等等。

所以，一个高档的电动车，远比不上几只破旧的纸箱子，一堆

积木，一些沙子和水，一个泥巴坑好玩、有趣。

2. 不建议给孩子买益智玩具。尤其那些看起来花了很多心思设计出来的教育类玩具，往往华而不实。

为什么呢？因为玩具设计者花的心思越多，留给孩子们的创造空间其实就越少。况且，没有任何证据表明，这些教育类玩具能够帮孩子变得更聪明。

所以，最简单的玩具如积木、布娃娃、拉绳玩具、橡皮泥、蜡笔和纸张才是最好的选择。

你对孩子的数学启蒙可能是错的

电视节目《最强大脑》里有个项目叫速算，那些选手惊人的计算能力的确令人咂舌。作为家长，甚至有些期待自己的孩子也能够拥有此项天才技能。然而，看似神奇的速算能力，完全是经过标准化训练得来的。这种训练非常机械，与记忆力有关，但却与孩子整体智商的高低无关，更与孩子未来俗世成就的大小无关。

遗憾的是，现实中常见到一些父母急功近利、缺乏常识地对孩子进行数学启蒙。

比如：一位奶奶经常向周围的人炫耀："我家孙子可聪明了，能从1数到30了。"小家伙话都说得不太利索呢，但只要奶奶起个头，还真能流利地接着往下数数不打磕巴。但孩子真的明白数的概念吗？这可不一定。

一次，小家伙要吃旺仔小馒头，奶奶边打开袋子边说："只能拿三颗啊。"小家伙点点头，伸出小手抓了一大把（少说也有六七颗）。奶奶急了，说："宝贝儿，这都多少了呀，多出好几颗呢。"小家伙看看自己的小手，似懂非懂地说：“三颗？”

孩子其实并没有数的概念，连最基本的数字与数量之间的对应，孩子都还没有弄明白。

孩子之所以能数数，确切地说是在背数，是跟着大人机械性地重复，因为祖孙俩的日常互动之一就是数数。从这个角度来看，孩子的记忆力不错，但还看不出其数学能力有多好。

适当教孩子数一数不是不可以，不过，还需要根据孩子的具体情况，不妨先教孩子认数，形成对数与形、数与量的初步认识。

可以在孩子平时所见的人和事物中有意识地加入量的概念，如一个人、两条狗、三颗草莓……还可以念一些儿歌或编一些比较好记的顺口溜。

当然，最好是结合实物或动作，如边念顺口溜边掰着孩子的手指头，这样做能帮孩子直观地建立数与数量的关系。

幼教专家认为，有系统、有计划地对孩子开始数学启蒙，最好从 4 岁左右开始，这是因为这个阶段孩子本身已经积累了一些数的相关知识。

另外这个阶段的孩子思维发展进入了具体形象阶段，通过大人恰当地引导，孩子能比较容易掌握数学概念和数学关系。

这个阶段对孩子进行数学启蒙，最恰当的方式是以形象、具体的题材切入，从孩子的日常生活或感兴趣的事物入手，这样才能更好地帮孩子塑造良好的数学认知结构。

有一个例子很说明问题：

公交车上，妈妈问孩子："今天在幼儿园老师教了什么呀？"孩子回答："3 个苹果和 4 个苹果合在一起是几个苹果？"妈妈问："是几个呀？""7 个。"妈妈很高兴，想要考考孩子，又问："那 3 加 4 是几呀？"孩子答不上来。妈妈不能理解，3 个苹果和 4 个苹果知道，3 加 4 不知道，真是奇怪。

其实这一点也不奇怪，因为孩子现阶段只能直观地思考问题，他可以在脑海中想象出 3 个苹果和 4 个苹果摆放在一起。但他对"3+4"这样一个抽象的数字运算，以他目前的思维能力还达不到。

如果你正在对孩子进行数学启蒙，我有几个小建议：

①了解儿童数量认知的发展历程

2 岁左右的小孩开始有辨数的能力，即分辨一个苹果和一堆苹果，哪个多，哪个少。

3 岁左右的小孩，开始有认数的能力，不过只是凭直觉判断，一大堆苹果和一小堆苹果，哪个多哪个少。

孩子 3 岁半左右有了点数的能力，即逐一按物数数，并说出总数是几个。

②用游戏的方式向孩子传递数的概念

因为学龄前期孩子无法抽象思维，生硬地教他们认识数字、学写数字、加减法等，其实无异于拔苗助长。

不如通过贴近生活的儿歌、纸牌游戏教孩子认数。

③数字不只是数数、计算

还可以引导孩子观察日常事物，比较差别，把讲不通属性的事物进行分类，把事物排序等，甚至做做小家务都可以锻炼数学能力。

比如吃饭的时候，每个人需要一个碗、一双筷子，让孩子帮助发碗、发筷子；给每个人一个苹果；给每只小熊送一朵花等。

④每个孩子都有自己的成长速度和轨迹

我们不必为孩子 2 岁了还不会数数而担心他有什么严重的问题，也许当别人家孩子会数数的时候，你家孩子不会，但他已经会背儿歌了呢。

我想说的是，给孩子成长的时间和空间，父母要有耐心“静待花开”。

四种亲子依恋关系，养出四种孩子

有这样两个小孩：

丘丘刚3个月大，父母对他的哭闹不烦不恼，而是跟他说话，逗他玩。同样3个月大的小小的爸爸很少在家陪她，而小小只要一哭，她的妈妈就把她抱在怀里走来走去，有时候妈妈还会因为小小哭闹不止而生气。

很快，丘丘和小小都满1岁了。这时的丘丘已经可以在离父母不远的地方自己玩乐，而小小依然经常哭闹，常常要求妈妈抱着自己。

为什么丘丘更加自信独立，而小小却哭闹更多，更黏妈妈？分析案例可见，丘丘的父母更加有效地处理和满足了他的需求，因此丘丘的安全感建立得很好，能自在地进行探索活动，也越来越独立。

而小小没有习得这样的能力，她不能容忍与父母的分离，易产生焦虑或恐惧心理，也阻碍了其独立性的发展。

亲子依恋关系的重要性，可见一斑。

你属于哪种亲子依恋类型

依恋（attachment）是孩子与特定个体之间（最稳定的抚养人，一般指父母）形成的正性情绪联结。

法国心理学家瓦隆指出，孩子对大人的依恋是他们自身的心理发展必需的。孩子社会化发展最重要的一个方面就是依恋的形成。如果没有这种依恋心，宝宝就会感到惊慌和恐惧，甚至精神萎靡，这种影响会阻碍宝宝未来爱好、志向、人格等的建立。因此，孩子在0—3岁的婴幼儿期与父母建立良好的依恋关系非常重要。

根据宝宝在陌生情境中的不同反应，心理学家安斯沃斯将宝宝的依恋类型分为四种，即安全型、回避型、反抗型和混乱型。

不同的依恋类型有不同的亲子依恋表现。我们能够很清楚地看到，四种不同的亲子依恋关系，养出了四种不同的孩子。

父母们也可以在周末做个实验：一边让宝宝做游戏，一边让妈妈离开，此时，不同依恋类型的宝宝会做出不同的反应，而这通常与父母的教养方式紧密相关。

安全型依恋

宝宝表现：

妈妈在场时，能自如安逸地操作玩具，并不总是依靠妈妈，更多的是用眼睛看妈妈、对妈妈微笑或说些什么；对陌生环境积极地探索和操作，对陌生人的反应也比较积极。

妈妈离开时，宝宝的操作、探索行为会受到一定影响，明显表现出苦恼、不安，想寻找妈妈回来。

妈妈回来时，宝宝会立即寻找与妈妈的接触，并且很容易经抚慰而平静下来，继续做游戏。

教养特征：

父母对宝宝的需要敏感，态度积极；与宝宝经常有互动，与宝宝一起做相同的事，一起笑、一起做动作，为宝宝的活动提供情绪支持，并经常激励宝宝。

回避型依恋

宝宝表现：

对妈妈在不在场都无所谓。

妈妈离开时，他们并不表示反抗，而是直接忽略，不予理会，自己玩自己的，很少有紧张、不安的表现。有时也会欢迎妈妈的回来，但时间非常短暂。因此，实际上这类宝宝并未与妈妈形成特别密切的亲子关系。所以，有人也把这类婴儿称作无依恋婴儿。

教养特征：

父母对宝宝不敏感，表现消极，很少满足宝宝的需求，很少从与孩子的亲密接触中获得乐趣，或者对待宝宝过分热情，刺激过度，经常对宝宝喋喋不休，强行给宝宝制造某些需要，让宝宝不堪其扰。

反抗依恋

宝宝表现：

这类宝宝在妈妈要离开前就显得很警惕。

妈妈离开时会表现得非常苦恼、极度反抗，任何一次短暂的分离都会引起大喊大叫。

妈妈回来时，对妈妈的态度又很矛盾，心里既想与妈妈接触，又有些反抗。如果妈妈想抱他，他会生气地拒绝、推开。这时他已不能再重新回到游戏，而是不时地朝妈妈这里看。

教养特征：

反抗型依恋宝宝的父母教养方式通常不一致。他们对宝宝时而热情时而冷淡。宝宝对父母这样的态度和方式会感到绝望，为了获得关注，他们要么黏住父母，要么哭闹，如果一切努力都无效的话，他们就会变得愤怒、怨恨。

混乱型依恋

宝宝表现：

这种类型的依恋，宝宝最没有安全感。

妈妈回来时，宝宝会表现出比较无所适从。妈妈拥抱他们，他们的表情会比较茫然，情绪会稍显忧伤，会躲开妈妈的目光。一些宝宝在得到妈妈的安抚后会大哭，或者表现出一些奇怪的、冷漠的姿势。

教养特征：

混乱型依恋的宝宝通常受到过父母的忽视或者身体上的虐待。这些宝宝的妈妈通常都患有严重的抑郁症，这些妈妈自己也会经常出现恐惧的、矛盾的、令人不愉快的情绪。

安全型依恋为良好的、积极的依恋，后三种为不安全型依恋，是消极的、不良的依恋。1岁以后，不安全型依恋的宝宝会逐渐表现出社交和情绪上的退缩，依赖性强，不愿意参加多人游戏，缺乏好奇心，学习兴趣不强，也不会为一个目标而努力。

相反，安全型依恋宝宝的社会性特征会逐渐显示出来：喜欢社交、好奇心强、自主探索、自尊自信等。在同伴游戏中，他们往往像个小大人、小领导，关注其他小朋友的需求，并且易受到同伴的欢迎；成年以后的他们，也更有能力应对压力、调节情绪，可谓心理健康而强大的正能量传播者。

亲子依恋关系中，扮演主角和占主动地位的，当然是爸爸妈妈。想要建立和谐亲密的亲子依恋关系，父母分工，各有不同。下面我就简单将父母角色的不同及其功能梳理出来。

温和妈妈，给宝宝无限的安全感

宝宝1岁以内，妈妈的角色很关键。宝宝饿、尿、拉、痒痒等一切生理需求都会哭闹，都需要细心的妈妈及时正确地予以处理。这个时期，宝宝与妈妈处于“共生期”，也是与宝宝建立良好的亲子依恋关系的关键，即宝宝要什么，妈妈就给什么。

只要妈妈随时出现，满足宝宝的任何需求，宝宝才会感觉到自己是安全的、被爱的。而新妈妈在这一阶段心理上也会发生神奇的变化，即像热恋中的男女那样，分泌一种叫苯体胺的物质，对宝宝产生一种怎么也爱不够的感觉。

妈妈是宝宝最亲近的人。在宝宝安全感的建立上，妈妈是主角。整个哺乳过程对婴儿来说是一种心理上的满足、精神上的享受。小婴儿靠着唇部敏锐的触觉，感受母亲的温度和味道。母亲愉快的心情、平静的情绪，传递给宝宝的不仅是充足的物质营养，还有一种温馨的感觉，使宝宝直接获得了心灵的滋养。

所以说，母乳促使宝宝心灵成长。母乳喂养是一种启蒙教育，是促进亲子关系的最佳手段。当宝宝躺在母亲怀里，亲子的目光相对时，加上妈妈甜美的笑容，柔声的呵护，再配以优美的音乐旋律，宝宝就会有一种愉悦的安全感和满足感。

母爱是可以依靠眼神传达的。亲密的皮肤接触，加上温柔的眼神交流，可以传递给孩子好情绪。一位妈妈，用爱的眼神注视宝宝的眼睛，宝宝是可以体会到的，宝宝的心灵就会得到充分安定。

妈妈对婴儿的爱抚，不仅是肌肤之间的接触，更是一种心灵的抚触，可以促进宝宝的生长发育。母子情感的交流，帮助宝宝放松情绪，平复心情。在这样的环境中长大的宝宝，自然会拥有良好的安全感，拥有宽广的胸怀，将来也会懂得如何爱别人。

爱探索的爸爸，把宝宝引向外在世界

宝宝 1 岁至 3 岁，爸爸的角色很关键。随着孩子的长大，爸爸的心理也会发生变化。看着眼前幼小的宝宝，从当初的不可思议到激动的心情，再到如今的责任感，对爸爸而言，孩子不仅是孩子，还是玩伴、朋友。

爸爸带的孩子胆子大、放得开，善于发散思维，因此爸爸经常和孩子互动，对孩子的智力发育、性格培养都有很好的促进作用，也有助于良好的亲子依恋关系形成。

爸爸好动，更会玩，会做游戏。爸爸的性格特征中有更多的独立、果敢、冒险、宽容、开朗等社会性格特征，因此，在宝宝对自身的角色定位中，爸爸的作用比妈妈更显著。

例如，对于男宝宝而言，爸爸除了是长辈还是玩伴、朋友，爸爸的男子气概、榜样作用以及控制目标的权力，都是男宝宝向往和模仿的内容；而对女宝宝而言，在与爸爸的相处中，她可以学习如何与异性交往，并促进其女性气质更好地形成。

研究发现，当爸爸在时，宝宝会更多地微笑、咿呀学语、注视和大笑。爸爸与宝宝玩游戏的时间比妈妈更长，宝宝的反应更强烈、心情更激动。在与爸爸的互动中，宝宝的身体骨骼和肌肉也能得到充分锻炼和发展。

爸爸把孩子引向外在世界，不再仅仅局限于母子的亲密关系。爸爸是向孩子呈现外在世界的关键性人物，他会激起孩子对外界的兴趣，引导孩子对现实的观察。

爸爸不仅影响孩子的情感和认知发展，也使孩子获得对世界的信任感，感受世界是一个以有序的方式运行的充满爱的地方。因为，爸爸更习惯与宝宝相互交流，鼓励他们大胆探索，解答他们的疑难问题，从而使宝宝从外界不断地获得成就感。

读懂孩子的“为什么”

孩子问“为什么”很常见。那么，我们知道孩子一个“为什么”背后的心理需求吗？读懂孩子发问的初衷，我们才能更从容地应对孩子的言语攻势。

面对孩子一连串的“为什么”，通常，妈妈们会很耐心地讲解。但是到后面，能坚持和颜悦色的妈妈就不多了。相信每位妈妈都经历过这样的一个阶段。孩子为什么会有那么多的“为什么”？不同的情况下，孩子的问题背后其实表明他们不同的需求。常见的孩子问为什么，有下面两类：

【分析】第一类孩子问“为什么”，是在探索世界。

【对策】陪孩子一起探究为什么，帮助促进孩子智力发展。

有的妈妈经常会跟我说：我们家孩子“为什么”太多了，从早到晚，天天追着我问为什么，我哪知道那么多为什么呢？他问我火车为什么要趴着走，而不是站着走，你说我怎么回答呢？

很多孩子的问题很好玩，问问题是他们探索、了解这个世界的一个非常重要的方式。每个孩子都有问问题的权利，所以爸爸妈妈一定要尊重孩子的“为什么”。即使孩子问的问题，我们不知道如何回答，起码我们可以做到诚实。告诉孩子我不知道，这不丢脸。同时可以引导孩子去查阅资料、去观察，鼓励孩子求证，或者为孩子准备一套好的百科全书。

曾经有一段时间，开心会问我海里各种各样的鱼叫什么名字，我确实不知道，于是我跟她说：“妈妈不知道，我们一起来找一找，这些鱼到底叫什么吧。”于是我给她买了一本大百科，大百科里面有图片、有解释、有说明，然后我们俩一起去看，原来这个鱼叫箭鱼，原来那个鱼叫鳗鱼。后来，她就开始慢慢地了解，甚至认识的种类比我还多，她会说，“妈妈我知道这是什么鱼。”换她开始教我了。

从心理学角度看，当你面对一个爱问“为什么”的孩子时，你应该感到高兴，因为这意味着孩子进入了智力发展的第二个高峰期。孩子有这些发展的需求，满足他们是做父母的责任。若我们在这个时候能充分给予孩子各种条件、刺激和知识，孩子的学习和吸收能力将会是惊人的。孩子智力发展的五个核心要素：注意力、记忆力、观察力、想象力和创新的思维力，这些核心的要素实际上在问“为什么”的过程中就都完成了。

所以请记得，面对“问题”孩子，父母要当好老师的角色，并且要更有耐心。我们常常会感叹中国孩子缺乏创作力和想象力，这种状况父母其实也有责任。很多孩子因为说错话或者问错问题，比如问的问题触及了父母的痛点，或者让父母觉得尴尬之类，而被父母呵斥过。

孩子的问题，你若知道就回答，若不知道就亮明态度：“我不知道，但我可以跟你一起去找答案。”还有的时候，你也可以对孩子发问的行为表示赞赏，比如对孩子说：“我觉得你的问题特别好，那么你觉得是什么原因呢？”如此把问题抛给孩子，尤其是面对3岁以上的孩子，让他通过自己的小脑瓜来解决这个问题，也是激发孩子思考的一种方式。

【分析】第二类孩子问“为什么”，是需要了解正在进行中的事情，获得自主权和力量感。

【对策】给孩子立“规则”前，先讲清楚原因，再执行。

一位妈妈问我：我女儿快6岁了，上大班，最近老爱问为什么，告诉她答案了她还是问为什么，比如做游戏要遵守规则，她就问为什么要遵守规则，为什么不能按她说的那样去做，任性极了，说着说着还哭鼻子，非要那样做才行，我都不知道该怎样做。有时我生气了就不理她，她就问为什么我不理她，为什么吃饭不能问问题，我告诉她答案了，她还是一直再问，为什么不能这样做，我都不知道该如何跟她解释了。

对于案例里孩子的这些问题，其实妈妈应该感到高兴。若平时只知道按照父母的话去做，那样的乖乖孩子并不一定好。

心理咨询中最常见的一类来访者，就是幼时在家里就是“乖孩子”形象的人。这些乖孩子一开始也许会养起来很顺利，但是随着学习越来越需要思考能力和应用力时，他的思维就逐渐跟不上了。

不只是学习成绩，在生活中也会出现各种问题。没有养成独立思考习惯的孩子，最后很容易受到思维的限制。

上述案例中的“为什么”在生活中是很常见的：“妈妈，为什么这个规则是这样的；妈妈，为什么我晚上不能吃糖；妈妈，为什么我不能看电视……”这其实是孩子在对父母所立的规则、对正发生在自己身上事情的探究，背后的心理语言是：我需要弄明白当下正在发生的事情，我需要掌控我自己的生活，我需要感受到自己的力量。

这种情况，就需要我们提前跟孩子讲明原因，然后再设立规则。

比如我家开心，晚上我跟她说过不准吃糖的时候，我是提前这样做的。我们先看了一个绘本，叫作《牙医怕怕鳄鱼怕怕》，我相信很多父母亲也给孩子买过这本书。“鳄鱼牙疼，他去看医生，它很害怕拔牙，因为很疼；医生也很害怕，因为他怕鳄鱼咬他。”在讲故事的过程中，我跟开心传达了一个信息：鳄鱼这么大的动物，这么坚强的动物，它都害怕拔牙，这就说明拔牙太疼了。讲过几次，开心就知道了：拔牙是一件很痛苦的事情，比打针还疼。因为每个孩子都打过预防针，我把拔牙跟打针做对比，也就给她找到了一个她体验过的经历，她就好理解了。

“那鳄鱼为什么会牙疼呢？”我说，“书上没有说，其实就是因为它吃糖吃太多了。”最后的结论就是：我们不能吃太多糖，尤其是不能睡觉前吃太多糖。

当我把这个原因跟她讲很多遍以后，然后再跟她商量一个关于吃糖的规矩。如果有一天晚上开心说："妈妈我想吃糖。"我就会说："你忘了鳄鱼的牙齿吗？你忘了咱们的规则：N点以后就不能吃糖吗？"

现在，开心自己就会说："鳄鱼长蛀牙了，去找医生了，拔牙很疼，要少吃糖。"

看，孩子就是这样开始懂得了这些问题。

若你在给孩子定规矩的时候，被孩子的"为什么"给问倒了，那么我的建议就是：当你再跟孩子讲规则时，先讲好原因，并且要从孩子亲身经历过的体验出发，去跟她讲这个原因，然后再去制定规则，孩子就会更容易遵守规则了。

规则是可以调整的

孩子就"规则"问题问为什么的时候，往往也就意味着亲子间的对抗开始了。若父母太严厉，或者过于执着于"规则"，有可能适得其反。

所以，我想要再强调一点，给孩子立规则时，有一个原则：越小的孩子，规则的弹性应该越大；越大的孩子，规则的弹性应该越小。

规则的弹性大指的是什么？就是在这个过程中我们可以不断博弈，比如孩子说："妈妈，我可不可以再看一分钟的电视，妈妈我能不能再看一分钟的书，妈妈你能不能再给我讲一个故事再睡觉……"可能你前面说了"宝贝，我们该睡觉了"，这个时候他提出了这样的需求，这个规则能不能改？在我看来是可以改的。

再举个开心睡觉的例子。我跟开心约定好睡前的流程：洗漱、讲睡前故事、睡觉。有段时间，我们上床睡觉以后，关上灯，我就开始给开心讲睡前故事。过了一段时间，开始唱睡前歌。再过了一段时间，开心又跟我提出新的要求，说妈妈您能给我讲个什么故事吗？您能给我唱个什么歌吗？您能陪我玩个什么游戏吗？这些会跟我们约定的规则不一样，但我都会满足。然后再过一段时间，我会发现，她不需要我讲故事，也不需要我唱歌，直接就跟我说："妈妈晚安，我爱妈妈。"说完就睡觉了。

孩子的发展都有阶段性。所以，除了一些原则上的问题，譬如说晚上睡觉前刷了牙就不能再吃东西了，像这种规则我们是不破坏的，很多规则我们是可以更改调整的。孩子并不会像我们想象的那样，一次破坏了规矩，以后次次都破坏规矩，所以爸爸妈妈还是要根据孩子自身的特点、孩子提出的具体要求以及你给孩子定下的规则之间，去做一个权衡，目的只是为了让孩子快乐成长。

总之，当你面对一个"为什么"的孩子时，千万不要愁，实际上这是值得高兴的一件事情，因为这至少说明孩子在快速发展。请给他知识，给他陪伴，并享受过程中的快乐吧。

手是智慧的工具

说到孩子的动作发展，父母大都比较重视“三翻六坐七滚八爬十二走”等大动作的发展，孩子这些发展稍微滞后一点，家长就会十分着急：“怎么办？我家孩子是不是有什么问题？”

的确，大动作发展水平是衡量孩子发育水平的一项重要指标，发展得不好，势必会影响到孩子协调、视觉追踪、认知、注意力等能力的发展。

但有关孩子精细动作的发展，却常常被父母们忽视。这是非常不明智的。从大脑机能定位图可以看出，不同感觉区域在大脑皮层中的投射部位比例不同，其中手和口所占比例最大。可见，对个体而言，手和口的发展与人类的智能发展水平紧密相关。

心理学家普遍认为，6岁之前是孩子智力发展最快的时期。而这个阶段的孩子思维发展是以动作思维为主。

在3岁之前，孩子是通过对当前事物的感知觉与实际操作来探索世界和进行内心建构的，而整个过程无一离不开孩子手的动作。

即对孩子来说，离开了动作（特别是手的探索活动），孩子的思维发展就会受限。

难怪蒙台梭利认为，当一个儿童能自由使用他的手时，这手就成了智慧的工具。想要让孩子聪明，父母首先要做的，就是解放孩子的双手。

手是孩子最先探索的对象

刚出生的孩子第一个能运动的器官是嘴，但通过嘴的运动，孩子第一探索的除了生理方面的满足外，就是通过不停地吃手来认识手。

大人会很奇怪，手有什么可吃的，但孩子整天会含在嘴里，且嘬得津津有味、品得滋滋有声。

有的大人会将孩子的手从嘴里强行拿出来，你会发现孩子会非常焦虑，会开始着急，甚至哭闹，直到小手又回到他的嘴里。

这个过程不仅仅满足了孩子的口腔需求，更重要的也是刺激了他手的灵活性和触觉的发展——孩子需要调节对肌肉的控制能力来将手送到嘴里。

不要小瞧孩子的吃手行为，这是在吃的过程中，刺激了孩子的手部功能，让其朝着精细化方面发展。如吃着吃着，孩子就会不再满足啃整个拳头了，会开始尝试一下大拇哥是什么滋味了。

手也是孩子探索世界的手段和工具

大概 3 个月之后，父母就会发现孩子用手越来越多，连吃奶都不会老实。他会尝试控制手去摸妈妈的脸，甚至会无意识地紧攥妈妈的衣角……

更多时候，他会追着声音去够挂在床旁的小铃铛，会漫无目的地挥动他的胳膊，偶尔会碰触到某个玩具，然后会抓过来摆弄一番。

4—6 个月的宝宝，会有意识地将手中的玩具拿来敲一敲、捏一捏，会对某个凸起或凹陷部位感兴趣，随着对物品细节的关注，孩子的手指动作也变得越来越灵活，会改变一把抓的局限，转而更多地活动手指，通过手指的配合来摸索和认识事物。

7—9 个月的孩子会对撕纸、抽纸等感兴趣，餐桌上的抽纸他能全都拽出来，弄得满地都是，还望着你一副邀功的样子。给他新买的绘本，父母一转身就支离破碎，父母常常惊愕不已，他还意犹未尽地撕个不停。

而 10—12 个月的宝宝，父母会发现，他们拿到什么东西都喜欢朝地上扔，大人刚捡起来，他拿着又往地上一摔。这个阶段的孩子还喜欢抠洞洞，看到一个小窟窿就要伸手指去够一够、抠一抠。

从心理发展的角度看，这意味着孩子开始有了深度知觉的能力，即孩子开始探索空间的变化和发展。

这个时期，父母最恰当的做法是，不妨给孩子准备一些弹性较好的小球，任由孩子扔着玩，让他去体验不同的力度带来球的远近变化；或是给孩子准备一些小豆子或小纸团，让孩子将它们捏起来，放进指定的小盘子里。

阻止孩子手的动作，即限制孩子思维的发展

等到孩子能够灵活地运用手的时候，他们见到什么都想要摸一下，会去插插座，会去拧瓶盖，会去玩水弄沙子，重复的动作来来回回不厌烦，一玩就是半小时。

很多父母出于各种原因会阻止孩子，但要知道，剥夺了孩子的动手能力，也就等于剥夺了孩子的思维能力。

剥夺了孩子在反复操作过程中一次次手的精细动作的磨炼，也就剥夺了打磨孩子感知觉乃至思维发展方面的精、准、细、巧和灵活性。

孩子正是在用手去探索的过程中，逐步认识这个世界的。在大人看来，用手拿东西，是多么普通平常的事啊，但所有这些点滴的变化，对孩子来说都是重大事件。

用手去感觉软软黏黏的东西、去感受沙子、水从手指缝流走穿过的同时，孩子会思考："为什么会这样？"在撕扯不同的纸张、扔不同的物体时，孩子会从中感受用力大小的不同。这些是父母无法教给孩子的。

同时，父母的阻止也会延长孩子手的敏感期，比如，从小没有机会好好抓握过食物的孩子，到了四五岁都可能还未学会用勺子或筷子。从这个意义上说，剥夺并不一定是好事，反而可能导致孩子发育延迟或行为固着。

那么你还会阻止孩子手部的探索行为吗？

不仅不要阻止，相反，父母最好参与其中。根据不同年龄段孩子的发展特点，陪孩子玩一些诸如捏橡皮泥、拧瓶盖、投掷、折纸、剪纸、穿纽扣、搭积木等的游戏。

甚至父母还可以给孩子一支画笔，让他随意去涂去画了，一般不必要求孩子怎么画，而是让孩子去感受手臂、手腕、手指的运动带来的神奇变化就好。

这些游戏都能从不同角度对孩子手部精细动作进行很好的训练，而且还能对孩子的敏捷性、持久性、柔韧性、平衡能力等起到很好地训练，进而锻炼孩子的思维能力。

轻推，帮孩子直面恐惧

孩子说："妈妈我怕黑。"

妈妈说："哦，你有些怕黑（承认孩子的感受，接纳孩子的害怕），妈妈小时候也怕呢。"

孩子惊讶地看着妈妈。同时，孩子的内心，也得到了安慰。孩子知道了，原来"害怕"并不可怕。"害怕"这东西很普通呢，连大人也会"害怕"。

游乐场的攀爬设施前，孩子又想去爬，又有些犹豫。

爸爸看出来了，孩子有自己的判断，也有自己的顾虑，于是说："你想试一试，又有点担心。爸爸在这里陪着你。你中途想下来，跟我说一声，我们就下来。"

在孩子犹豫的当头，爸爸陪伴孩子度过艰难的抉择时刻。爸爸对孩子犹豫状态的接纳以及给孩子的承诺，更像是轻轻一推，帮孩子去面对自己的恐惧。

相信有过这样一次经历后，孩子的恐高程度将会大大减轻。

孩子在不同年龄段总会有这样那样的恐惧对象。这些恐惧是孩子的想象力、判断力以及“自我”健康发展的指标。

简言之，恐惧不可怕，倒是对恐惧的恐惧才可怕。譬如，父母不允许孩子有害怕的情绪，或者为了孩子的“害怕”情绪，过于忧虑、担心，或者贬低孩子的“害怕”情绪，都会导致孩子一直陷于恐惧之中，甚至让孩子有不必要的羞耻感和心理负担，最终阻碍孩子的健康发展。

孩子们的恐惧心理究竟有何意义，我们又该如何应对呢？

怕黑

精神分析学派认为，孩子怕黑源于分离焦虑。他以为自己睡着了，就会掉进沉沉的黑夜里，会不会就此和妈妈分开呢？

实验科学的研究则表明，孩子想象力越丰富，害怕的对象越多。他们害怕的并不仅仅是黑暗本身，更多的是黑暗中的东西（真实的或想象的）或是在黑暗中发生的事。

父母可以让孩子逐渐去适应黑暗的环境。在家里，可将室内照明度逐渐调低，在这个过程中和宝宝一起玩他喜欢的游戏，让孩子慢慢接受在较黑暗的环境下活动。

还可以陪孩子去探索“黑暗”。比如孩子在黑暗中看到了窗户上的一些“怪影”，父母可以让孩子立刻开灯，陪孩子弄清产生这些“怪影”的原因。

当然，营造一个好的睡前气氛对于克服孩子怕黑的心理也是非常有效的。

怕去医院、怕打针

你总能看到很多孩子在医院看病时哭哭啼啼，紧抱在父母的身上不愿意离开。有的孩子害怕打针，甚至还没看到护士的准备工作就开始哭上了。他们害怕的已经不仅仅是打针的疼，而是之前所有的负面情绪。所以，孩子的害怕，表现出的哭闹，是他们排解负面情绪、自我保护的一种方式。

如果父母只说一些“没事”“宝宝不怕”之类的话，孩子根本听不进去，甚至会哭得更厉害。

如果父母也很焦虑、紧张，还会加重孩子的恐惧心理。

相反，如果父母坦诚告诉打针会疼，描述疼到什么程度，并情绪平和地做好安抚工作，是可以有效帮助孩子消化恐惧心理的。

你还可以在候诊的时候，讲讲孩子喜欢听的故事，或者给他吃点他喜欢的食物，引导他看看周围新奇的事物，激发孩子的好奇心，转移他的注意力。

另外，当孩子看到年龄相仿的同伴表现得很勇敢时，对孩子来说也会是一个积极的刺激。他们会去模仿，并认为自己也可以做到。比如，他看到了别的打针没有哭的孩子，也会降低他的害怕心理。

怕猫、狗、毛毛虫等小动物

一些孩子大约从两三岁起，开始表现出害怕狗或猫等动物。这是因为，此时孩子已经开始意识到，这些动物会对自己造成伤害，害怕在这里是一种自我防卫。

消除这样的害怕，可尝试逐步脱敏。

例如，孩子怕狗，可以先给他看狗的照片，让他熟悉狗的形状，最好让他对狗逐渐产生兴趣；然后陪孩子听狗叫的声音，由远到近，慢慢适应；最后在很远的地方让孩子看狗，慢慢靠近，一次不行，可以等下一次，每次到孩子不能忍受为止，逐渐提高孩子的耐受力。经过一段时间的锻炼之后，孩子就可以用手摸狗，与狗一起玩耍了。

对待恐惧这类负向情绪，你越是抵触它们，它们就越是强烈难受。相反，你允许它们的存在，它们的影响力反倒会减弱。作为父母，能够耐受孩子的恐惧，那么孩子也能学会正确面对自己的恐惧，反之亦然。

如何处理好分离焦虑？

分离是相对于依恋来说的。没有依恋关系，分离也就无从谈起。

换句话说，依恋关系建立不好的孩子，他处理分离情绪就会出现困难。而依恋的关键期就是孩子 3 岁以前。

6 个月前的孩子，固定抚养人的照料与及时回应至关重要。

一开始，孩子与妈妈是共生关系，他们的成长是完全依赖于父母的。父母既是孩子生理需求的满足者，也是孩子心理能量的提供者，同时父母还是孩子的镜子，孩子会通过此来检阅自己的成长，发现自身的力量。

对这个阶段的孩子来说，母亲是附属的自我，母亲的存在就是我的存在，母亲的疼痛就是我的疼痛，所以这个阶段的孩子不能很好地把自己和母亲分开。

母亲与婴儿的共生关系，对一个孩子的人格发展、心理状态、情绪状态和行为模式，起着至关重要的、决定性的作用。母亲对孩子的关注、孩子对母亲的依赖，是一个人一生中一切人际关系发展的基础。如果孩子得不到固定抚养人的关注和稳定回应，就无法形成对某个个体的固定依赖，那么他的心理发展就会出现无法弥补的缺陷或问题。

我们发现，有的人穷其一生都在寻找生命中的重要他人，以求修通这个发展缺陷。

6 个月到 3 岁的孩子，需要逐渐与父母剥离、走向自我的独立。

此阶段的孩子，已经能意识到自己与照顾者（母亲）不是一体的，由此孩子开始迈出独立的第一步。这时的他看到母亲会笑，看到陌生人会紧张，因此我们看到，半岁小孩会认生。

他还会想要挣脱母亲看世界、开始探索周围的环境并与之发生关系，但同时他又会在需要时，迫切扑回母亲的怀抱寻求安慰、获取支持。

此时，妈妈们接纳孩子的反复、情绪化、黏人等行为，对孩子形成稳定且可操控的快感、自我认同和价值感以及自尊等非常重要。

这就要求父母既要容忍孩子的脱离、鼓励孩子的探索，也要在孩子需要充电时，积极敞开怀抱，给予孩子支持和鼓励，并且要由孩子来决定何时离开还是回来。

很多父母的错误做法，要么是不舍得放手让孩子独立，各种阻拦和各种替代，要么是在孩子想要重回父母怀抱的时候给以嘲讽或者批评指责。

前者会让孩子永远无法真正独立，后者同样会让孩子终其一生，寻找早年丢失过的关注、肯定与爱，并反复将自己的亲密关系亲手推入艰难的境地。

这之后孩子人生中无次数分离，都是以这个阶段与父母的分离互动为蓝本来复写的。此时期孩子获得的依恋以及处理分离的经验，将成为他的“内部工作模式”，影响他们的一生。

做父母的，一方面需要建立好与孩子的亲密关系，帮孩子建立好稳定而安全的依恋；另一方面也需要在“当离开时必须离开”，并妥善处理好孩子的分离焦虑情绪。

具体的做法建议如下：

1. 孩子能走、会动之后，父母就有必要经常带孩子到户外活动了。

这样做，一方面拓展了孩子的活动场所和眼界；另一方面也是为孩子接触社会融入社会做积极准备。

2. 爸爸需要多参与进来，确保妈妈和孩子亲密有间。

可以给孩子讲一讲外头的有趣事件，以及多陪孩子玩到开怀大笑。笑对人生的孩子，运气大都不会太差，也更勇敢。

3. 可跟孩子做一些分离预演。

如跟孩子一起玩角色扮演游戏，分别扮演去上班的爸爸妈妈与宝宝，开心地排练分离的动作和步骤——可以有一些仪式化的动作：抱一抱、说“再见”、回家递拖鞋、端水等。

这是为真实情景中父母与孩子的分离做积极铺垫。

4. 平时父母在陪伴孩子的过程中，要给予孩子积极回应，特别是在孩子有需求时。

哪怕无法及时满足他或无法及时赶到他的身边，也需要在言语上做好情绪安抚，让孩子知道，父母一直在自己身边，他是被关注的。

5. 当父母要离开时，一定要跟孩子做好分离，这个时候仪式化的分离步骤很重要。

如告知孩子自己要去哪里，要做什么，什么时候回来，并尽量说到做到；若无法按时回来，需要打电话告知孩子，然后亲亲孩子并离开。千万别什么也不说就偷偷离开，这样很可能会造成孩子的恐惧。

6. 主要照顾者（妈妈）要离开时，一定要获得其他照顾者的支持和帮忙。

最好是孩子比较信赖的人（如爸爸或爷爷奶奶），接纳孩子因分离而有的坏情绪，耐心陪伴孩子度过这个分离阶段。

大宝、二宝都是宝

家有二宝到底需要注意些什么？我们若从不同的出生顺序去解读，也许可以清楚地看到大宝二宝分别经历着什么，他们最需要的心理支持又是什么？

二宝出生后，大宝到底在经历着什么？

在二宝出生前，老大一般都会集万千宠爱于一身。他是整个家庭最被呵护的中心，他非常享受被所有人关注。但是，当二胎降临，头胎的孩子，就好像一个被赶下王座的失落君主。从二宝到来那一刻起，大宝的人生境遇发生了极大的变化，他必须要和另外一个孩子分享父母的爱。

这非常非常的不容易。看起来两个孩子彼此都拥有了一个姐妹弟兄，但背后的心理体验是完全不一样的。

对二宝来说，生下来他就有一个哥哥或者姐姐。分享或者竞争是从一开始就存在的，是自然而然的事。而对大宝来说，他会体验到被剥夺、父母的爱与关注的丧失。

比起从未拥有过，得而复失更加容易引发创伤。

大宝会有焦虑、痛苦、愤怒、恐惧，这些情绪当然是指向妈妈的。但是，妈妈本是他所深爱的人啊，他不可能直接去恨妈妈。于是他将自己的愤怒转向了那个更弱小的人，也就是他自己的妹妹弟弟。

大宝对二宝的敌意就是这样诞生的，这不是他们的错。他们只是很害怕，怕被父母抛弃，怕不再被爱。此时如果父母指责孩子，就很容易让孩子确信自己的体验、观点：爸妈没以前那么爱我了。

所以，他们费力想要夺回父母对自己的关注。有些小孩会尽力表现得懂事、力争优秀，但更多孩子会通过制造行为问题以期吸引父母注意。

这会将这些小孩拖入更糟糕的境地：父母一面需要腾出精力照顾小宝，还需要应对大宝的问题，就很容易烦乱，并通过指责、批评坐实大宝的各种毛病。

因此，家有二宝，或者打算生二宝的家庭，必须要分好工，给予大宝陪伴，并做好相应心理准备工作。

对于第二个孩子来说，他生来就适应有一个竞争对手在那里。所以，他们看起来更容易配合，更能适应竞争关系。他们往往看起来更加乖巧、温顺，懂得讨好。然而，有一点需要父母留意，搞不清楚很可能会使得二宝受委屈。

我知道，目前很多育儿专家都在强调，要生二宝，需要先搞定大宝，需要多给大宝关注，需要多接纳大宝的情绪。于是，二宝一方面可能承接着大宝的敌意，另一方面还可能承受着父母的忽略。

譬如，一般父母养大宝都是照书养，因为那是第一回，没有经验，很容易焦虑。养二宝则明显要更加驾轻就熟，但关注度也会更低。

二宝的衣服、玩具可能全部都是大宝穿剩下的、玩剩下的。这很容易对二宝带去“被忽略”的感受。他们希望讨好父母，希望反抗哥姐，希望去竞争并获得胜利。

当然，身为二宝的好处也非常显而易见。

我们很容易可以看到低龄孩子，最爱追在大哥哥、大姐姐的屁股后面跑。他们希望去模仿比他们年长的哥姐，更希望自己有朝一日能够超越自己的哥哥姐姐们。

大宝和二宝就是在这样特别的竞争关系中成长起来的。只要父母不加诸太多评判，给予充分接纳，孩子们会找到自己的解决问题方式。

所以，做父母的需要看到不同孩子可能面临的挑战，接纳每个孩子的不同特点，做好分工合作。

需要注意的是，独生子女由于没有兄弟姐妹，他们从小就被当作小大人对待，在压力方面承受得要更多。他们没有兄弟姐妹做竞争对手，但他们有一个独特的竞争对手，那就是异性父母。男孩希望打败父亲独占母亲，女孩希望战胜母亲，独占父亲。如果处理不好，很容易造成孩子陷于家庭内部的三角关系中，并很难真正长大，创建真正属于自己的世界。

伤害孩子的四大中国式礼貌

中国是个礼仪之邦。但有一些常见的中国式礼貌，对孩子的成长却是有害的。这四种中国式礼貌可谓历史悠久。据观察发现，随着年轻父母的成长，不少已有改观，但仍然会有部分父母，会自然地犯“礼貌性”的错误。

以下这些以礼貌为名义的伤害，是不是也曾经发生在你或者身边人的身上呢?

1. 让大的让小的：伤害孩子的物权观和自我认同感

4 岁的哥哥在玩自己的玩具时，2 岁的妹妹来捣乱。俩人争抢起来的时候，妈妈看到了，抱起妹妹，安慰她的同时以责备的口吻对哥哥说:“妹妹还小，你要多让着她！”哥哥情绪爆发了，一边大哭，一边嚷着:“不让，就是不让！”

大的让小的，大的要承担更多的责任，这是我国的传统文化，几千年来我们一代一代都是这种文化中成长起来的。但是希望 6 岁前的小孩子就严格遵守这个传统，去背负这么沉重的道德包袱，未免太苛刻了。

谦让的传统本身无可厚非，但是如果在孩子争吵时，不分青红皂白，一味地借用这种传统礼貌规则来“批评大的，保护小的”，结果往往是大孩子认为父母偏心或者嫌弃他，渐渐变得叛逆或者不自信，而小孩子却恃宠而骄，变得越来越任性。

这个场景不仅发生在很多有二宝的家庭，在几个小朋友一起玩耍的时候也会出现。比如小区里面几个小朋友在一起玩，发生了争吵，有些大人为了和别的家庭礼貌相处，通常对自己的孩子说：“你大一些，要让着弟弟、妹妹。”

其实在孩子发生争吵时，我们最好做个中立的仲裁者，了解清楚事情的始末，再选择处理办法，做到不偏袒，不护小。你可以走过去跟孩子们说：“嘿，告诉我刚才发生了什么？让我看看有没有更好的解决办法？谁先说？”等孩子们说明情况之后，再帮助他们分析。如果大孩子不愿意与小孩子分享玩具，你可以问他为什么。

如果是他自己的玩具，那么你可以跟他说：“嗯，自己的玩具自己有支配权。不过，你如果和弟弟妹妹一起玩的话，大家可能都会玩得更开心。”如果他还是坚持，也无须勉强，另外找一件其他的玩具给小一点的孩子玩，并且简单地告诉他：“这是哥哥的玩具，这个是你的玩具。”

如果是公共的游乐设施，你就可以这么和孩子们说：“这个滑梯是我们大家的，每个人都可以玩，要不，我们排队轮流玩吧？”

2. 逼孩子打招呼：伤害到孩子的自尊和自我建构

妈妈带孩子回老家，出发前就跟孩子说见到爷爷和奶奶要大声问好。可是孩子到了老家，怎么说都不肯叫。妈妈烦躁地说："快喊爷爷啊，怎么这么没礼貌呢？太不听话了。"结果是妈妈越批评，孩子就越犟着不喊。

见面问好，尤其是见了长辈要问好，这是天经地义的事，也是基础的社交礼仪，是孩子需要掌握的一项技能。但若为了培养孩子的基础礼仪，而采取逼孩子打招呼的方式，就往往会事与愿违，尤其是对于叛逆期的孩子来说，越逼迫他就越叛逆。

还有爸妈见孩子不肯打招呼之后，为了给自己一个冠冕堂皇的理由，给对方一个合理的台阶，就说孩子有点内向，一种常见的情景是：

妈妈带着孩子走在路上，迎面来了一个奶奶，妈妈于是忙叫孩子打招呼。对孩子说："快，叫奶奶。"可是，此时，孩子往往躲在妈妈身后，一副羞涩的样子。妈妈只得无奈地对奶奶说："我家孩子太内向了，不好意思！"

这位妈妈为了不让对方尴尬随口就说孩子内向，却没见此时孩子咬住了嘴唇，一脸通红，往妈妈身后躲得更紧了。妈妈直接给孩子就贴上了"内向"的标签，于是一个笃定不爱打招呼的孩子，就可能这样被妈妈强化出来了。这个妈妈就这样轻而易举地摧毁着孩子的安全感、归属感和价值感，让孩子缺乏力量去自我成长、自我构建。

实际上，要培养孩子“见面问好”的习惯，并不需要逼迫，大人做好榜样就好。

如果爸妈总能热情地与别人打招呼，那么孩子耳濡目染，自然会养成“见面问好”的好习惯。

你也可以给孩子多看些习惯养成的绘本。有时候，绘本里可爱的动物或卡通人物会让孩子很有亲切感，这些良好的生活习惯他们会愿意跟着学习和模仿的。

如果带孩子参加朋友聚会，或者大家庭聚会，可以先告诉孩子会遇到哪些人，如果他能向他们见面问好的话，这个聚会就会变得非常 high。有些孩子不喜欢很多人的场合，可以让孩子先有个心理准备，孩子到场后就会表现得好很多。

3. 面对别人的夸奖，忙说：“哪里！哪里！”会伤害孩子的自信心

妈妈带着孩子在小区骑自行车玩，有个阿姨看到了夸奖说：“哇！你家孩子车骑得真好啊！”这种时候，这位妈妈谦虚地说：“哪里！哪里！好多小朋友都比他骑得好呢。”孩子听了，一脸黯然。

听到夸奖时，习惯性地回复“哪里！哪里！”这也是中国父母常见的谦虚和礼仪方式，然而，对孩子而言，很多时候却是一味毒药，甚至会瞬间杀死孩子那点脆弱的自信心。就像这位妈妈，她的过分“谦虚”完全没注意到孩子内心的活动，也没有顾及孩子的“面子”，更别提保护孩子的自信。如果经常这样“拒绝”别人对孩子的夸奖，他很可能会认为真的是自己能力不行，自己努力了还是做不好。这样一来，很可能会出现自卑情绪，并且懒于付出努力。

有的爸妈，在习惯性谦虚礼貌回复的时候，还有另一种担心：害怕孩子因得到太多夸奖而变得骄傲。他们想用这种方式来培养孩子谦虚的性格。

其实，只要能教给孩子正确归因的方式，爸妈完全没有必要担心孩子会骄傲。还是以这位妈妈为例，如果她当时可以这么说："嗯，他最近经常练习骑车，进步很大。"那么孩子就能听出来，妈妈认同了阿姨的夸奖，并且知道自己是因为练习得多，所以骑车进步大。妈妈对孩子客观的肯定和鼓励，会让他更好地认识自我，建立自信。

总之，面对别人对孩子的夸奖，慎用"哪里哪里"的谦辞，也许我们需要做的，只是笑纳别人的夸奖，同时鼓励孩子做得更好。

4. 碍于面子不会拒绝：对宝宝有害的分享行为伤害宝宝的身体健康

春节期间，全家人聚在一起，一个亲戚给2岁半的宝宝喂了一个开心果，本来妈妈也说不要给孩子吃，但是孩子想要吃，亲戚就说："没有关系的，我家孩子一直这么吃。"为了顾及亲戚面子，妈妈没有坚决制止。不料，开心果却卡在宝宝气管里，到医院做了气管切开手术也没有挽回宝宝的生命。

这是春节期间在微信上传播很广的案子，有的妈妈们可能还有印象。2岁半的孩子被开心果噎死的事件并不多见，可能当时孩子在边吃边玩，或者边吃边说话，又或者是别的什么情况。不过，妈妈如果不是出于礼貌，对亲戚的喂食能够坚决制止，那么就不会产生这个悲惨的结局了。

还有一个常见的场景：

妈妈带着孩子在外面玩，在一起玩的另一个小朋友的奶奶给他糖吃。可是孩子刚在家吃糖了，而且很快就要到午餐时间了，妈妈不愿意孩子再吃糖。可老人家给孩子糖吃，她又不好意思拒绝，只好让孩子吃了。那天中午，孩子饭量明显减少。

类似的事情经常发生。大人在给自家孩子吃零食的时候，都会分给一起玩的孩子一点，以显出自己的大方和友好，而另一方的爸妈又经常因为不好意思拒绝只好默许，或者虽然口里说着“感谢”，心理却充满了担忧。

分享也是我们的传统，接受别人善意的分享是一种礼貌。然而，如果这个分享是你不需要的，或者对孩子的身体健康有影响，那还是礼貌而坚定地拒绝比较好。比如“谢谢啊！不过他经常吃了糖之后就不吃饭，千万别给他！”“谢谢啊，不过孩子现在还不会吃坚果呢”等。

如果孩子吵着要，对方坚决给，那妈妈就帮孩子先收下，并告诉孩子“奶奶的礼物，妈妈先帮宝宝收着，等宝宝吃完饭了，再拿给宝宝吃”或者“等宝宝长大了再给宝宝吃”等。

一定要陪孩子玩的超级游戏

很多父母不懂该怎么和小孩玩，尤其是3岁以前的小宝宝。此时孩子既黏人，又似乎啥都不懂。今天推荐两个极佳的互动方法，一个是抚触、一个是亲子操，都能跟小朋友玩嗨起来，而且好处多得你想不到。

抚触——母亲的爱抚和触摸

抚触是父母通过双手对孩子身体各部位进行有秩序的技巧性接触按摩，使皮肤受到不同程度的刺激，从而促进孩子身心的健康发育，是一种简便、易行、安全有效的育儿护理方法。

国内外专家多年的研究和育儿保健实践证明，给孩子进行系统的抚触，有利于增强免疫力，促进食物的消化和吸收，减少婴儿哭闹，增加睡眠；还可以增进孩子与家人的交流，使其获得安全感，增加对家长的信任感。

心理学研究发现，有过婴幼儿期抚触经历的人在成长中较少会出现攻击性行为，很容易融入集体生活。

孩子抚触是在科学指导下，有技巧地对孩子全身进行爱抚和触摸。

整个过程充满了母子间爱的情感交流，是一个亲子互动的过程。

通过母爱的手让适度的刺激通过皮肤感受器传达到孩子的大脑，起到促进脑发育，进而提高智力水平的作用。

当然，抚触过程中，可以边做边问孩子："你的眉毛呢？你的眉毛呢？"

在做左手抚触的时候，可以边做边问孩子："你的左手呢？你的左手呢？"

反复一段时间后，孩子便可以逐渐记住身体器官的名称。

如此有助于孩子心理上的"我"的形成。

当然，抚触远不是摸摸、捏捏那么简单。

给大家介绍一种比较有代表性的、最能够向孩子传递爱的抚触方式。

面部抚触——目光交流，满满的全是爱

面部抚触，可以舒缓孩子面部肌肉、明目、清醒头脑，不但能促进孩子大脑和面部发育，还能使孩子和家长之间的关系更亲密，可以让孩子看清抚触的人后，再进行面部抚触，这样会使孩子更有安全感。

操作步骤：

①双手拇指置于孩子的眉头上方，其余四指作环状固定于孩子脑后。

②双手拇指沿眉骨方向，水平按揉至孩子太阳穴，轻揉太阳穴。

③可再向下按摩至孩子耳后，或用拇指沿着胸锁乳突肌一直向下到孩子颈部。

面部抚触最适合亲子眼神交流。父母可与孩子保持 20~30 厘米的距离，发自内心地微笑着与孩子交流。

亲子操——动起来的亲子游戏

如果说抚触是与小宝宝的安静交流，那么亲子操就是一场亲子间的运动交流了。

0—3 岁是开发运动潜能的敏感期，人类的各种感觉是大脑和身体相互协调和学习的过程，几乎有 80% 的感觉学习是在 2 岁以前完成的。而每个幼儿都蕴藏着无限的运动潜能，这就需要家长有意识地合理引导。

玩是孩子的天性。在玩耍中，家长可以科学地引导孩子进行合理适度的运动，培养聪明健康的孩子。

具体来说，经常练习抓握、碰触、爬行、走路，做推、拉、转等动作，对手眼协调、运动的技能和语言能力非常有益。

转圈、保持平衡、翻筋斗、做操、跳舞、听、摇摆、滚动对平衡能力、运动能力、书写能力、阅读技能、运动协调能力等的提高有益。

与抚触不同的是，亲子操的运动幅度更大，适用范围也更广一些。最重要的是，亲子操是在运动中引导孩子积极主动地运动自身。

或者是通过动作促使孩子本能地挺胸、伸腿；或者是将孩子的全身都处于运动之中，或者是辅助孩子自行跳动、行走等。

这些都让孩子拥有运动的主动性，与孩子相对被动地接受家长的抚触有很强的互补性。

还有一个很受孩子喜欢的小宝宝亲子操（一起做的父母还能够减肥塑身哦，这可是个意外收获呢）。

宝宝飞——给孩子插上翱翔的翅膀

这个亲子操的功效主要是锻炼孩子的腹、背、大腿后部的力量以及平衡能力，每天都可以和孩子玩一会儿。

操作步骤：

①家长坐在地垫上，双手扶住孩子腋下或抓住孩子的双手，孩子站在家长的小腿部，家长身体后倾，孩子的身体随家长的身体呈俯冲状。

②家长仰卧，双手扶托住孩子，孩子身体绷直，家长手臂做屈伸动作，当孩子适应后家长可试着松开手。注意观察孩子的表情，如果孩子很兴奋，可以反复做多次。

孩子绕不开的社交第一课

“打人”与“被打”，是孩子在社交过程中绕不开的一堂课。孩子如何反应，其实早在成长过程中即已形成。

故而父母在纠结孩子的“打”与“被打”如何管的同时，还要看到孩子动手行为背后的根源和意义，才能更好地引导孩子。

0—1 岁孩子

孩子“打人”从八九个月时开始出现，这是源于他肌肉控制能力的发展，这时的孩子能较好地控制自己的胳膊运动，并随意做出扔东西、打人的动作了。

这对孩子来说无疑是一大新变化，他会开始积极地实践自己的这项能力，会不停地扔丢东西、动手打人，并由此观察大人的反应。

有的大人会高兴地回应：“瞧，这小家伙手真有劲儿。”大人的回应等于给孩子的行为贴了标签，甚至做出了暗示，自然孩子会更积极地做出扔或打的动作。

恰当的引导是：一方面给孩子提供可供手去抓、去扔，尤其可揉捏到变形的玩具，比如香蕉，孩子可以清晰看到自己的动作带来的后果，帮助孩子感受事物的因果变化；另一方面，孩子发生“打人”动作时，轻轻握住孩子的手，将孩子的注意力从“打”的动作中转移开。

1—2 岁孩子

此时孩子开始萌发了自我意识，但他们又因无法很好地通过言语表达自己的想法，常常借助行为（打人）来表达自己的意愿和情绪。

如两个小朋友在一起玩，一个小宝宝看到对方手中的玩具很想要，他通常会直接过去抢，如果抢不到，就有可能会动手。

面对这种情况，大人的反应很重要：我们不仅要保护孩子不受伤，还要监督孩子的行为不伤害到别人，更重要的是，我们还要教给孩子解决问题的具体方法。

1—2 岁孩子常借助打的动作来表达情绪，最恰当的引导是多与孩子玩角色扮演的游戏，让孩子直观感受并学习简单的交往方法，如：

表达自己的意愿：“哥哥，我想玩您的小汽车。”

学会说：“住手，别打我！”“你弄疼我了。”“我生气了。”

或是向大人寻求帮助：“妈妈，我想要……”

2—3 岁孩子

如果说 1—2 岁的孩子是因为争夺玩具而发生战争的，那么 2—3 岁孩子的打闹行为则更针对于行为者本身。

此时孩子将同龄人作为了好奇和探索的目标，也更容易发生身体的纠缠，如通过咬、打、抢、戳等方式攻击对方的身体，甚至还可能朝对方扔东西。

此时的打闹一般并无伤害性。孩子在这样的打闹中，在尝试了解和掌握与人交往的边界，包括和人肢体接触的度在哪里，力度是多大，是否能被对方所接纳，甚至是偶尔的被大家排挤等。

唯有如此，孩子才能从中找到自己在群体中的位置，以及被社会所接纳的行为方式是什么。

父母最好的做法是：留神别让孩子们受伤，但不要轻易去干预；更不要因为护犊心切而将自身卷入孩子的打闹中，譬如直接跟对方家长嚷嚷甚至干起架来。否则孩子学到的可能是暴力解决问题，认为拳头是王道；而被欺负的孩子呢，可能学到的就是忍气吞声、退缩，不愿与人交往。

3—6 岁孩子

3—6 岁孩子打闹的情况更为复杂。你会发现，这个阶段的孩子大都有几个玩得比较好的小伙伴。

但同时，他们之间也会有小矛盾，特别是 3 个以上的小伙伴在一起玩耍时，就会出现其中一个被排除在外。

孩子之间发生矛盾也大都因为如此——排他。有意思的是，孩子在未学会如何更好地处理被同伴排斥的情景时，已懂得用它来操纵别人了。如我们经常听到的：“你不让我玩玩具，我就不带你做……”

被排除在外的感觉是很痛苦的，每个孩子都可能尝到被排斥的滋味。

也是从这个时候开始，人们开始注意到：男孩子更倾向于通过打架、争吵来制造或解决矛盾；而女孩子可能会选择用言语攻击或行为排斥来应对。

父母的恰当引导是：给孩子正确示范，并教给孩子有技巧地解决问题，比如学会“轮流”“交换”等方法。同时，多陪孩子做游戏，尤其是爸爸要多陪着孩子玩，这样可帮孩子尽早明确规则并习得规则，促进孩子更加顺利的社会化。

总之，对 6 岁之前的孩子来说，打人与被打都是孩子学习与人交往的历练，不必上纲上线，但需要做恰当引导，教给孩子适龄的解决办法，孩子才可能更好地为今后的社交实践做准备。

语言发展有规律，宝宝表达更出色

孩子语言发展，是智力发展一个非常重要的方面，同样也是帮助孩子树立自我意识的一个重要因素。因此，有意识地为孩子语言发展提供支持，不论男孩女孩，其实都很有必要。

0—1 岁：语言储存期

孩子语言的学习是从听觉开始的。自孩子在妈妈肚子里，听觉系统就开始运转了。因此，宝宝的语言储存从孕期就开始了。

宝宝听到悦耳的声响越多，父母的声音越多，宝宝在语言爆发期的表达越顺畅，语言能力越强，心理也越健康。

①语言刺激越早越好

在怀孕 5 个月时，宝宝就具备了听觉功能，父母可经常播放悦耳的音乐。准爸爸准妈妈可以常常与胎儿说说话，呼唤宝宝的名字，让宝宝熟悉爸爸妈妈的声音。

宝宝出生后，在喂奶、换尿布、洗澡时，父母对宝宝说话要温和，表情要夸张，加大动作幅度，以表演的形式向宝宝说明我们正在做什么，吸引宝宝的注意力。

说话时，父母要看着宝宝的眼睛。

②应答宝宝的喃喃自语

宝宝出生两个月后，就会发出嗷、啊、咿等声音，有时发生在宝宝吃饱睡足后，有时是父母出现在他身边时，对此，父母要立即给予语言上的回应。

“宝宝（或名字），你好”“宝宝想说什么”“是不是拉粑粑了”等，即使我们可能猜不对宝宝想表达什么，但我们对宝宝的及时回应，会让宝宝感到发声和说话的乐趣，激发他再次发声的欲望。

③从元音和叠音开始说

研究发现，宝宝在 7 个月大时，已经可以通过倾听试图找出准确的声音回应，他们的脑电波反映出大脑中负责语言的颞上回部分有明显的刺激反应。

八九个月时，如果父母说一些简单的各种元音字和叠音词如爸爸、妈妈、奶奶等，宝宝也可以模仿出来。注意发音时要将尾音拖长，保证清晰以及不断重复，让宝宝更容易学习。

④大人谈话时注意事项

很多人认为，宝宝听不懂我们在说什么，那么我们说不说、说什么、怎么说也就变得没有意义。事实并非如此。倾听大人讲话能够训练宝宝的说话能力。宝宝可以通过大人之间交谈的语气、语速、表情及其伴随的肢体语言，感知其谈话的氛围。

如果大人谈话时温柔、和谐、平静，宝宝也会相对安静和放松；如果谈话时语言针锋相对甚至充斥着怒骂时，宝宝会出现惊恐烦躁的表情和情绪，无益于创造好的语言学习氛围。

⑤教宝宝说规范普通话，但不需要排斥方言

如今一个家庭存在几种方言的情况很常见，如爷爷奶奶说方言，爸爸妈妈说普通话，最后宝宝都能掌握，不必担心方言影响宝宝说普通话的标准程度。

方言与普通话存在地域和文化上的差异，宝宝多学一门方言，也是多一方文化。既然是一种文化，也需要由孩子传承下去。

因此，教宝宝说普通话的同时，也不应排斥方言。随着成长，宝宝就会在不同语言之间转换自如，发现不同语言之间的乐趣。

1—2岁：补充表达期

1岁以后，宝宝能组织简单的语句，包括主+谓、主+宾或省略主语的动+宾等结构等，我们称为“电报句”。一般要家中与孩子最亲近的人结合情境才能明白。

①补足宝宝的句子结构

这个时期的宝宝一般会蹦出几个词，比如，“妈妈，水……”这时，妈妈可以补充完整这个句子，对宝宝说，“妈妈知道，宝宝渴了，想喝水。”然后，让宝宝重复“妈妈，我渴了，想喝水……”或者妈妈也可以换一种方式，问宝宝：“宝宝是想让妈妈自己喝水吗？谢谢宝贝这么体贴。”总之尝试补充一个完整的句子与宝宝交流。

②引导宝宝清晰地说出要求

我们常常都在猜宝宝想干吗，宝宝一个眼神一个动作就知道他想干吗，但是，要促进宝宝语言发展，就要抓住机会让宝宝用语言表达想法。

比如，宝宝用手指水时，父母不要马上把水杯递给他，因为他可以不用说话就可以喝到水，这时父母可以给他一个空杯子，同时鼓励宝宝说出“我想喝水”等，用语言表达自己的要求。

③向宝宝提问，让宝宝从被动地听转变为主动地说

1 岁前，宝宝以倾听为主；1 岁以后，宝宝逐渐可以与父母对话交流。试着向宝宝提问，比如，“宝宝你饿了吗”“妈妈的鞋在哪里”“宝宝的鼻子在哪里”，等等，让孩子的语言表达从被动变为主动。

时间一长，这些语言信息自然而然就被宝宝的大脑储存了。另外，不要提超越宝宝智力范围的问题，态度要平和亲切，也不要过多，不然会让宝宝感觉到压力。

④尽量用规范用语的表达方式

有的家长喜欢跟宝宝说话用叠字或模仿宝宝口齿不清的发音，比如“饭饭”“果果”“车车”或者将“吃饭”说成“七饭”，“苹果”说成“苹朵”，认为这样发音宝宝更容易懂，但是也很可能延缓宝宝语言能力的发展。

如果宝宝发音不准确，不必模仿重复，更不能取笑，而是多次重复正确的发音即可。

2—3 岁：完整表达期

2 岁以后，宝宝能说出完整的句子，能够描述味觉、温度，甚至描述人的外貌、情绪、品质。这一阶段宝宝的自我意识增强，探索世界的欲望强烈，很喜欢问为什么，并希望得到成人的积极回应和肯定。

平时爸爸妈妈可给宝宝发一些简单的指令，如“请帮妈妈拿鞋子”“把玩具放进收纳箱”等，提高宝宝的语言理解力。

①鼓励宝宝给想念的人打电话

首先教会宝宝使用电话，告诉宝宝一些紧急情况下使用的电话号码。同时记住爸爸妈妈的手机号码。

再鼓励宝宝给想念的人打电话。比如，鼓励宝宝给一位想念的亲人打电话，比如，想爷爷了就给爷爷打个电话，告诉爷爷自己心里的想法，讲一些自己最近发生的趣事逗爷爷开心，或者请爷爷注意身体健康，宝宝会因为自己能打电话感到欣喜。

②用语言表达礼貌

2 岁以后，宝宝开始有同伴交往，父母需要教宝宝正确使用“谢谢”“请”“晚安”等问候语，并且能保持微笑与同伴说话。

在路上遇到熟人，要主动打招呼，遇到长辈要用尊称，如“您好”“再见”等。同时，鼓励宝宝用自己的语言与陌生人交流，比如去饭店吃饭时，鼓励宝宝向服务员阿姨要勺子，在街上鼓励宝宝问路等。

③跟宝宝玩绕口令，或者朗诵诗歌

这个年龄段宝宝往往还不能很好地发音，一方面，父母可以找一些简短的绕口令，跟宝宝一起念，各种口误会让孩子觉得说话很有趣；另一方面，优美的儿童诗歌朗诵也可以激发宝宝对语言的喜爱和向往。

诗歌中的韵律和字里行间的美，对宝宝的语言熏陶也是不言而喻的。

④与宝宝一起读绘本

读绘本是建立亲子关系、陶冶宝宝情操最好的方式之一。2 岁以后，随着宝宝语言能力的发展，理解力也在跟进，宝宝逐渐能够理解故事情节，也会更加乐在其中。绘本语言是宝宝语言学习最好的来源。

宝宝最爱的绘本，其中的语言也会被宝宝常常挂在嘴边。这会导致宝宝产生一种成就感——自己能掌控这些语言。

3—6 岁：顺畅表达期

3 岁以后，宝宝的语言能力逐渐从简单句向复合句过渡，词汇也更加丰富，对词汇的理解力加深，会造转折、因果等富有逻辑关系的句子，与外界的交流几乎没有问题。与这个阶段的宝宝谈话是一种乐趣。他们说话会闹笑话，也会蹦出有深意的哲理。

①尊重宝宝的自言自语

3 岁以后，宝宝自言自语的现象会达到高峰，这是宝宝语言发展从外部语言转换为内部语言的关键阶段。可以看作是宝宝的思考工具，用语言来帮助自己思考，理顺思路。

比如在画画时，他可能会一边画，嘴里一边嘀咕：这是房子，这是爸爸和妈妈，这里是草地等。这其实是一种语言发展的自我调节机能，或者驱逐孤独的一种方式，家长们不必担心，更不要去打断宝宝的自言自语。

②小小讲解员

当我们看到宝宝一个人玩得很开心，画了一幅画，制作出一件模型，做出一件手工作品时，也要趁机打开宝宝的话匣子。首先用一些具体的语言，肯定宝宝的作品。

比如，色彩搭配很炫（香蕉是蓝色的，鸟是红色的），结构很富有想象力，再以欣赏的态度引导宝宝慢慢讲解自己的作品，以提问的形式让宝宝说出想法，既锻炼了宝宝的语言表达能力，又了解了宝宝的内心世界。

③宝宝故事会

语言是交际的工具，我们可以鼓励宝宝邀请小朋友到家中做客，创造一些小环境锻炼宝宝的表达。比如，请几位小朋友到家中举办故事会，让宝宝们都讲出自己认为最好听的故事。

宝宝可能会有表达不清的地方，但大人不需要帮忙，宝宝自己会想办法让同伴明白自己的意思。也就是说，不但要鼓励宝宝讲故事，而且鼓励他们能将故事表演出来效果会更好。

在整个语言训练过程中，家长一定要以身作则，做好语言上的示范。学龄前儿童的模仿力极强，作为父母，说话要为宝宝做出表率。

即使语言不优美，也不能太粗鄙，努力给宝宝创造标准、丰富的语言环境，让宝宝自由去表达、交流，宝宝的语言发展才会轻松、顺畅。

玩得认真，学得认真

一位妈妈问：我女儿4岁8个月了，专注力非常差。幼儿园里不能独立完成作业，总是刚做一两分钟就做一下其他的事情（在家长陪同下也是如此），就算是她喜欢的跳舞也不能坚持上好一节课，总是自己随心所欲想干吗就干吗，没有组织纪律性。于是我问她："孩子有没有专注的时候？"

妈妈回答我："平时玩游戏还是可以专注玩的。她最喜欢室外游戏，老师反映她上课坐不住。"

这个问题有意思的地方就在于，孩子"专注力非常差"，却又能够"专注玩游戏"，那专注力到底是差还是不差？

具体分析起来，玩游戏是孩子喜欢的事，可惜一个四五岁的小孩并无太多自主权。

学跳舞，孩子似乎觉得还不错，也蛮好玩的。那么，玩游戏和学跳舞这两者的区别在于，前者是我自己喜欢的，后者里头有一半是妈妈喜欢并期待的。

作业就更不用说了，那全部是妈妈希望我做的。

更形象一些说，好像是在孩子面前有一大片草原，孩子希望去充分探索、尝试的时候，妈妈挡在孩子身前，并且说："你得躲在我身后，去吃我指定的那一片草。"

看起来，这是为孩子好，从本质上说，这是限制。因为事实上，孩子的生活原本应该有更多的可能。

最要紧的是，父母若限制和干预过多，很容易破坏了孩子的专注力。

心理学上有一个发现，若一个孩子平常的活动大多是自主、自动的，这个孩子也会是意志自由的，能够自如地控制自己身体的，动作的精度和协调性更好，专注力当然也更高。相反，如果孩子的活动总是被控制，就会逐渐丧失主动的能力，缺乏探索的欲望，意志力薄弱，身体、心理（包括专注力）也难以得到很好的控制。

聊到后来，这个妈妈承认：确实有一些事是我希望她做的，但是上课坐不住也是事实，我要怎么做才能让她像其他小朋友一样安静地上好一节课呢？这个问题不解决老师会不喜欢她的呀。

这位妈妈的担心有道理。这是个很现实的问题。

我们希望孩子是被喜爱的，不仅仅被我们喜爱，还被老师、同学以及她所处的外部环境认可。如果得到好的认可，那孩子也一定会过得比较好。

然而，的确每个孩子的情况不一样，并非很乖就一定会被老师喜欢，或者活跃了老师就一定讨厌。

记得小时候我也不是个乖学生，小学老师们并不喜欢我。但上了中学，我不乖却表现出了很好的创造力，频频获得老师们的称赞。

所以，问题的关键是，做父母的必须首先要相信，自己的孩子会有适应环境的能力。而作为孩子的妈妈，无论孩子是什么样子，你都能接纳他（她）喜欢他（她）。

而妈妈最终所面临的难题，可能并非是孩子是否被老师喜欢的问题，而是妈妈自己如何面对老师或者权威的“不喜欢”。

妈妈如果能够撑住来自自己内心的、面对权威的焦虑以及压力，接纳孩子的真实状态，并给予孩子情感支持，那么会是孩子最大的幸运。

从上面的案例中，我们看到一个明显的矛盾局面。

几乎所有父母都知道，专注力这项品质对于孩子成长的重要性，也很希望自己的孩子能有不错的专注力，于是他们花费很大力气想要去“培养”“训练”孩子。但是，这种充满控制的刻意，反倒最容易在无形中破坏孩子的专注力。

下面是专注力的一些常识，分享给亲爱的读者们：

1. 专注力维持时间

5—7 岁 15 分钟左右，7—10 岁 20 分钟左右，10—12 岁 25 分钟左右，12 岁以上 30 分钟左右。以此参照，当你抱怨孩子不专注时先想想，是否我们的要求超出了这个年龄孩子的专注力维持限度？

2. 孩子发呆的时候，也是一种内在的注意

作为父母，很容易看得到孩子对于外界的注意，比如看书、搭积木、学习等，但经常忽略了孩子对于内部的注意，比如看起来的发呆、无所事事等——这其实是一种向内的专注力。

父母若不理解，就很容易打扰孩子，比如在孩子沉浸在内部注意中时，去跟孩子说话，叫他回过神来，问他在干吗，有没有在听等。

3. 特别提示

①不随意打断孩子；

②给孩子的玩具不超过两个；

③把兴趣和专注力的培养结合起来；

④建立有规律的生活习惯；

⑤创造良好的环境以避免孩子注意力分散；

⑥给孩子安排指示清晰及要求明确的事。

90% 的家长都在破坏孩子的专注力

一个 2 岁多的孩子，他独自坐在那里，在玩一桶积木。他先是把积木从桶里倒出来，然后再一块一块，耐心地放回去。放完了以后，再倒出来，再放……他的动作还很稚拙，很慢，就像电影里的慢动作。有一块积木他没拿稳，滚到一边，或者钻到一个小角落里。他费力地把积木找回来，然后继续他的工程。脸上没有一丝的不耐烦。他好像完全忘记了周围世界的存在，完全投入到这个大人看起来枯燥的过程中。但是，若你能够蹲下来看，你会从孩子身上看到专注力的光芒。

一个 4 岁多的孩子，妈妈带他在小区里玩。他正要蹲下拿手抓沙子。妈妈立刻制止了他："这个脏，去玩滑滑梯吧！"孩子迟疑了一下，可是看看妈妈严肃的脸，于是走开了。爬上滑滑梯刚玩了两下。妈妈说："来，宝贝脱件衣服，别出汗了！"孩子停了下来，脱了衣服，对滑滑梯似乎有些失去兴趣。重新寻找可以玩的对象，于是走到了一丛野花旁边。那里正好有只蝴蝶。蝴蝶受惊吓飞走了，于是孩子跟着去追。不过，没跑多远，妈妈就手里捧着水杯跟了上来，拦住了孩子，说：“别跑这么快呀！来，渴了吧，喝点水吧！”孩子有些不耐烦，愠怒。眼睁睁看着蝴蝶飞远了。

上面两段描述，是我曾经观察过的现实中孩子游戏的情形。

绝大多数父母们不知道的是，游戏就是孩子们的工作。

一个两岁多的孩子，一个简单的物件他们可以玩半天。而一个4岁的孩子，他很可能已经在玩积木的过程中，变得不耐烦了。

每一个健康的孩子从生命的最初都有专注的能力。而后来，父母不断插入孩子游戏的过程，其实就是在做着切断孩子注意力的事。

孩子进入小学以后，父母会越来越多地关注“专注力”这个事。但专注力问题，从来不是小学时候才出现的。早在学龄前，问题就已经埋下了伏笔。

微信后台有许多父母问过我：孩子根本无法静心做一件事怎么办？比如总爱吵吵，很多事情做不了多一会儿就喊累，注意力容易转移……

沟通后发现，多数问及这个问题的父母，本身脾气就偏急躁，对孩子多是或催或逼的方式，平日里管得多，说得也多。

过于聒噪的教养环境，不仅使得孩子难养成好的耐性，连父母自己也无法真正静下来，获得喘息机会，其实父母真的可以去仔细观察一下自己和自己的生活处境。

所以，为孩子专注力问题困扰的父母，不如从调整自己做起。

中国有个很智慧的词语，叫作“静能生慧”。

每一个为生活所累的父母，都需要学习与自己相处、让自己安静的能力。

若做父母的持续心绪烦乱，找不着生活的主心骨，那么不仅自己无法沉下来生活，孩子也将一起变得惶惶不安，缺乏心灵上的依靠和安稳。

这样的心理状态，更别提专注去学习、去做事了。

当然，除了父母的打扰，也有另外一种情况会导致孩子专注力缺失。

一个 9 岁的女孩，从小被父母交由老人抚养，大一些后，又被送到寄宿学校。她的状态是，完全无法自处。只要有人愿意跟她玩，哪怕是个坏的玩伴，让她不舒适，她也愿意。写作业的时候，任何一个响动都会吸引她的注意力。她随时都在制造一个又一个话题，希望和他人建立连接。

有一天，她告诉我，在寄宿学校里，她经常会做这样一个梦：梦里有一个人在追她。她从没回过头去看那个人到底是谁。反正就是知道有人在追自己，然后她就很害怕地在前面跑。

这就是梦里全部的情节。听完后，我唯一的感受就是心疼。这个孩子在梦里给自己制造了一个“陪伴者”，借以消解内心的孤独。

这世上最可怕的事情是什么？不是身边有居心叵测的坏人，更不是遇见什么妖魔鬼怪，而是空无一人。整个世界空空如也，只剩你自己。

一个从小与父母分离的孩子，一个被寄养在别人家中，缺少陪伴，又辗转到寄宿学校的孩子，内心深处非常害怕孤独，担心被遗弃。所以，她会时刻保持在一个可以被任何事物牵扯、发生关联的状态，以此来回避内心深处的孤寂与痛苦。

想要让一个孩子能够有独处的能力，专注去做某个事情的能力，父母首先要给够爱。

被爱的孩子，内心其实就住进了一个好父母。这样，他们才能够放心地、觉得安全舒适地自处，也才有心理能量投入一件事情当中去。

当然，每个家庭和每个孩子都会有自己的独特情况。所以，如果你也在为孩子的专注力困扰，那么下面这个福利，就是为你准备的。

毕竟，既然孩子的专注力可以人为“培养”得短，当然也可以“培养”得长，就看你愿不愿意去尝试了。

安静的力量

不少父母问我，孩子根本无法静心做一件事怎么办？比如总爱吵吵，很多事情做不了多一会儿就喊累，注意力容易转移……

真正的专注是什么呢？

外人看来，也许只是一个固定时间内持续着的某些特定动作，有些枯燥，还有些寂寞的样子。但事实上，专注的人不寂寞，不浮躁，相反，他是饱满的，安静而充实。

所以，想要获得专注的能力，我们先要学会安静。这无论对大人还是孩子，意义都很重大。

这篇文章，我们就来聊聊安静这件事。

人需要安静地独处。

在哲学家看来，人只有独处时，才能在一种安静的状态，回到自己，与自己对话，从而过一种有灵魂的生活。

记得一位全职妈妈跟我分享过一段体验：

我有一对双胞胎男孩，他们上学后，我开始感到漫无头绪。每天送孩子们上学后，就会赶紧到外头找人说话。因为有强烈的寂寞感，不知如何排遣。若是在家，也总是焦虑地等待孩子们放学，受不了满屋子的寂静。当这种寂寞的情绪完全找不到出口，很快，身体也开始出现病痛。

这位妈妈不良的状态，自然影响到了孩子。

孩子们不知道妈妈遇到了什么，只知道妈妈的脸色不好看，妈妈不开心，妈妈的要求变多了，妈妈又批评自己了……

最终，孩子们很自然把事情变糟的原因，归结为自己“不好”。

但问题的真正症结在于，这位妈妈需要充实自己，需要学习与自己相处、让自己安静的能力。

若妈妈持续心绪烦乱，找不着生活的主心骨，那么不仅她自己无法沉下来生活，孩子们也将一起变得惶惶不安，缺乏心灵上的依靠和安稳。

安静并非立即可达到的状态，必须是身与心和谐联结时，才能达到的境界。

当我们独处时，就是自己的身与心赤裸裸相遇的时刻。

静下来后，可以尝试问自己下面这些问题：

我接下来应该做什么？我爱好什么？我希望过怎样一种生活？与孩子相处自己最好的状态是怎样的？我的能力既然能决定孩子的成长方式，那么我能给孩子提供的恰当生活方式是什么？

总之，我们的心理状态要好，孩子才会好。

因为一个有能力安静和独处的人，才有心理条件帮助孩子获得安静的力量。

安静，对孩子来说，同样是其自我意识建构的基本条件。

在安静、祥和的环境下成长的人，容易处于思考状态，会去审视自己的生活，思考生命的质量，心灵充实，遇事容易想出理性且恰当的办法。

孩子通过独处时的遐想、内心的自足以及与外部环境的碰撞，内化成自身的生命体验，由此而获得成长。

古有“非宁静无以致远”，佛教说“静能生慧”等，都是说在宁静的氛围里，人们能相互尊重，和谐相处，化解矛盾，从而抵达一个广阔的心灵境地。

也就是说，在亲子互动时，父母尽力营造一个宁静的氛围，不破坏，不逼迫，不命令，也不指教，而是去传递和分享，将平和的心境传递给孩子，将有趣的体验分享给孩子，同时鼓励孩子独立思考和独立动作——这便是高质量的亲子陪伴。

家庭的宁静氛围让孩子更专注

安静的好处可以写上一本书。但父母最需要的是如何和孩子一起，习得这种安静的能力，从而提升亲子关系，并且帮助孩子成长得更强大，更有力量。

以下是一些适合亲子互动的游戏，可以帮助大人小孩一起去体味独处，去找到安静祥和的头绪。

三个游戏由易到难，父母可以循序渐进带孩子一一体验。

游戏一：1、2、3，木头人

①关掉电视、离开手机，以及其他人为的声响（电话、电脑、音响等）。这对现在很多年轻父母来说，不那么容易。但是，如果你真的希望改变，那么就请听一听我的建议。

②和家人、孩子一起玩一个类似木头人的游戏（一不准笑，二不准动，三不准露出小白牙），身体保持不动，注意看着游戏中其他人的眼睛，放松。当然，这个游戏可以有多重花样玩法。比如一开始可以设定某个身体部位（头、手、脚等）不动，最后才是全身不许动。

③跟孩子交流“安静”的感觉。

Tip：

4 岁以上的孩子玩木头人游戏一般没有问题。4 岁以下的宝宝，则可替换为模仿他所喜欢的某个动画形象、玩偶动作等，孩子做起来更容易。至于每次游戏时间，要考虑孩子的特点，玩得多了，则可以逐渐延长。

游戏二：听，那是什么声音

①首先同上，关掉电视、离开手机，以及其他人为的声响（电话、电脑、音响等）。找一个舒适的姿势，舒服的地方坐下，或者与孩子并排躺着。

②设定时间。开始闭上眼睛，听听四周都有哪些声音。看看都能听到什么声音。时间到，游戏结束。

③分享大家听到的声音。

Tip：

这个游戏适合3岁以上宝宝，因为他们的表达能力已经不受限制。此游戏的展开不限地点，随时随地都可以做。在大自然中进行最佳。这种游戏，容易训练孩子的听力，让孩子亲近音乐，也有助于提高孩子感官的敏锐度，提升孩子的专注能力。

游戏三：轻轻说话，轻轻走路

①同上，远离电子屏幕，放空自己。

②和孩子一起静下来，让孩子待在房间内的一个地方，大人在房间的另一个地方，过若干时间（由大人控制），轻唤孩子的名字。听到名字后，孩子以安静的、轻轻的方式走到大人身边。游戏完成。

③记得保持全程安静。大人不喊名字，孩子不动。大人和孩子的距离，刚开始可以在一个房间，后面多玩几次，可以待在不同房间进行。

Tip：

看似普通的游戏，其实在锻炼孩子的自控能力、身体协调能力。比如孩子不能拖着鞋子吧嗒吧嗒走路，需要安静地走动才行。

看完这几个游戏，也许你今晚就可以带孩子一起试试。

图书在版编目（CIP）数据

教育总会有办法 / 罗静著. —北京：东方出版社，2016. 11
ISBN 978-7-5060-9334-7

Ⅰ. ①教… Ⅱ. ①罗… Ⅲ. ①儿童教育—家庭教育 Ⅳ. ① G781

中国版本图书馆 CIP 数据核字（2016）第 270019 号

教育总会有办法
（JIAOYU ZONGHUI YOU BANFA）

作　　者：罗　静
产品经理：张　旭
责任编辑：王莉莉　张　旭
出　　版：东方出版社
发　　行：人民东方出版传媒有限公司
地　　址：北京市东城区东四十条 113 号
邮政编码：100007
印　　刷：龙口市新华林文化发展有限公司
版　　次：2017 年 1 月第 1 版
印　　次：2019 年 5 月第 5 次印刷
开　　本：720 毫米 ×960 毫米　1/16
印　　张：16.75
字　　数：180 千字
书　　号：ISBN 978-7-5060-9334-7
定　　价：46.00 元